智慧教育激发"元"动力

——小学生数学元认知能力培养研究

刘丽双　著

天津社会科学院出版社

图书在版编目（CIP）数据

智慧教育激发"元"动力：小学生数学元认知能力
培养研究／刘丽双著．--天津：天津社会科学院出版
社，2022.6
ISBN 978-7-5563-0836-1

Ⅰ.①智… Ⅱ.①刘… Ⅲ.①小学数学课－教学研究
Ⅳ.①G623.502

中国版本图书馆 CIP 数据核字（2022）第 131262 号

智慧教育激发"元"动力：小学生数学元认知能力培养研究
ZHIHUI JIAOYU JIFA "YUAN" DONGLI：
XIAOXUESHENG SHUXUE YUANRENZHI NENGLI PEIYANG YANJIU

选题策划：柳　晔
责任编辑：柳　晔
责任校对：王　丽
装帧设计：高馨月
出版发行：天津社会科学院出版社
地　　址：天津市南开区迎水道 7 号
邮　　编：300191
电　　话：（022）23360165
印　　刷：北京建宏印刷有限公司

开　　本：787×1092 毫米　1/16
印　　张：14
字　　数：245 千字
版　　次：2022 年 6 月第 1 版　2022 年 6 月第 1 次印刷
定　　价：68.00 元

序

《礼记·学记》有云:"学,然后知不足,教,然后知困。知不足,然后能自反也。知困,然后能自强也。故曰,教学相长也。"

阅读刘丽双老师《智慧教育激发"元"动力——小学生数学元认知能力培养研究》一书,看到了她在小学数学教与学中培养学生的"自反"和"自强"能力的理论探索和实践成果。

20世纪70年代中叶,心理学家拉威尔提出了元认知理论,一般认为元认知能力是主体对其认知活动的自我意识、自我监控和自我调节,即对认知的认知,强调主体的认知活动需要其元认知知识、元认知体验和元认知监控的相互作用。《礼记·学记》中的"自反"和"自强"可看作是中国古代教育对元认知智慧的体现。

在强调"学生通过数学课程的学习,掌握适应现代生活和进一步学习必备的基础知识和基本技能,养成数学学习的兴趣、好奇心与求知欲,养成独立思考的习惯并具有合作交流的意愿,形成基本的数学素养,发展创新意识和实践能力,增强社会责任感,形成正确的世界观、人生观、价值观等"的今天,教育从"元认知"做起恰逢其时。

对小学生数学元认知能力的研究能较好地探明小学生数学学习行为的自我调节过程,使行为的目的性得到科学的解释。对小学生数学元认知能力的开发能够培养学生良好的学习习惯，锻炼学生的思维能力，科学引导学生分析和把握知识点之间的内在联系，对数学知识点进行重新编码，建立自己的知识谱系，形成知识迁移的能力，促进小学生核心素养的养成。这符合《义务教育课程方案和课程标准(2022版)》所倡导的教育理念、培养目标和教学要求，具有理论意义和实践价值。

刘丽双老师的《智慧教育激发"元"动力——小学生数学元认知能力培养研究》一书着眼于小学阶段数学元认知能力在实际教学中的培养，从理论和实践两个角度对小学生数学元认知能力的培养进行了阐释，提供了大量具体案例，可读性强，是对小学生数学能力培养的一种先行探索。

与刘丽双老师相识于2001年天津师范大学的数学骨干教师培训班，二十多年见证她从骨干教师到专家型教师的发展历程。刘老师对数学教育教学有独到的思想与观念，十几年来坚持走理论指导教学实践的探索之路，主持了"小学高年级学生数学元认知能力培养研究""小学生数学元认知能力培养研究""6—9岁学生图形几何学习中数学元认知能力培养策略研究"三项市级课题研究，元认知理论在小学数学中的运用是贯穿其中的主线。

今天看到刘丽双将多年的教育研究与实践提炼成书，是其在小学数学教学领域执着探索结出的硕果。作为师友，写下学习感言，以表祝贺。

张筱玮
2022年5月于天津师范大学

前　言

抱"元"守一　寻能力进阶之路

　　小学生的数学元认知能力就是小学生把数学的思维活动过程作为意识对象,不断对其进行积极的监控调节,以达到预定目标。在学习过程中,具体表现为小学生能根据自己的能力水平、知识掌握程度采取有效的学习策略,积极地反馈调节其学习行为和学习态度,及时修正策略,灵活运用学习方法,使自己尽快达到学习目的。元认知包括密切相连的三个组成部分:元认知知识、元认知体验和元认知监控。元认知能力就是在这三种成分相互作用的过程中表现出来的能力,具体来讲,就是在一定的元认知知识和体验的基础上,对自身的认知活动进行调节和控制的高级能力。这三个方面是相互依赖,相互制约的,三者有机结合,构成了一个统一的整体。

　　会用数学的思维思考现实世界是数学核心素养之一。学生间数学思维能力的差异是显而易见的,是通过数学思维品质反映出来的。思维品质与元认知实质上是同一事物的两个方面,思维的品质是思维整体结构功能的外在表现形式,代表的是表层结构,而元认知则是思维整体结构的内在组织形式,代表的是深层结构,可见元认知在思维活动中具有传播作用。数学思维活动时刻受到元认知的监控调节,它能把数学思维活动引入正确方向。数学元认知能力不但有助于学生思维的深刻性、批判性,同时也使得学生求真创新的品质培养成为可能,体现了数学思维训练的潜在素质教育功能。因此,数学教学要"教思维育智慧",

1

数学教师要既重视"认知"，更重视"元认知"。

　　本书的内容可以概括为三部分：一是数学元认知研究的理论意义，二是小学生数学元认知能力培养研究的成果，三是小学生数学元认知能力培养的实践策略与案例。学生的元认知能力需要教师下大力量去培养，主要策略包括心理趋向策略、自主探究策略、形成思维策略、评价反思策略。根据笔者多年的实践，发现数学教师在培养学生的元认知能力方面大有可为，比如创设丰富的情境，激发学生自主学习，积极投入到数学探索活动中；鼓励学生大胆思考，自问自答，关注自己的思维过程，积极反思自身思维活动；让学生在体验、思考、调整策略的过程中，做好计划、调整计划，不断获得成功的体验；注重引导学生掌握数学知识间的联系，展示教师的思维过程，有效示范，提高学生对自身认知活动进行调节、控制的能力，等等。

　　此书的编辑出版，意在系统地总结多年来的小学生数学元认知能力教学研究经验，为数学课上培养学生数学元认知能力，更好促进思维能力进阶提供一些参考。水平所限，必有不足疏漏之处，敬请批评指正。

刘丽双
2022 年 5 月

目　录

第三篇　在"元认知"的智慧海洋里遨游

第一篇

教育应从『元认知』说起

"元认知"一词最早由美国儿童心理学家约翰·弗拉维尔在1976年出版的《认知发展》一书中正式提出,之后国内外一直有很多教育领域与认知心理学领域的专家和学者对元认知予以关注并开展了许多相关的研究。这些关于元认知的研究不仅在理论上丰富和发展了认知心理学的学术理论,而且在实践上对开发学生的智力,特别是解决"教会学生如何学习"等问题具有十分重要的意义。

元认知是对认知的认知,具体地说,就是人对自身认知过程的认知,以及调节这些过程的能力:对思维和学习活动的知识和控制。元认知的实质是对认知活动的自我意识和自我调节,包括对当前正在进行的认知过程(动态)和自我认知能力(静态)以及两者相互作用的认知,主要由元认知知识、元认知体验和元认知监控三个成分组成。在教学心理学中常提到的"学习如何学习",就是指这种认知活动。

教育心理学界普遍认为,在个体的整个智力活动中元认知是处于支配地位的,它对整个智力活动起到控制和调节的作用。在学生学习具体学科的过程中,元认知同样发挥着重要的指导作用。现在我们越来越强调要在课堂教学活动中关注学生的学习方法、学习策略,开展教学活动的目的,不仅要让学生理解并掌握学科基础知识,还应让学生学会不断地对自身的认识过程进行调节和完善,让学生真正成为课堂活动的主体和学习的主体。元认知作为一种研究人是如何控制并调整自身的学习活动,是教育过程中至关重要的一环,因此,教育应该从"元认知"说起。

第一章　对"元认知"能力的解读

　　"元认知"作为一个科学概念,是由美国儿童心理学家约翰·弗拉维尔于1976年《认知发展》一书中正式提出的,其实质在于对认知活动的自我意识和自我调节,具体地说,就是人对自身认知过程的认知。元认知包括对当前正在进行的认知过程(动态)、自我认知能力(静态)、两者相互作用的认知,以及调节这些过程的能力:对思维和学习活动的知识和控制。元认知主要是由三个成分构成的,分别是:元认知知识、元认知体验和元认知监控,它们之间是相互联系、密不可分的关系。

　　元认知与认知是不同的,两者的关系是心理学研究领域关注的重要理论问题。从本质上讲,元认知是不同于认知的独立结构,它反映的是个体对自己"认知"的认知,而非"认知"本身。元认知活动和认知活动有诸多不同:对象不同,内容不同,目的不同,作用方式不同,发展速度也不同。但同时,元认知和认知又是相互联系、不可分割的。一方面,元认知以认知为基础,认知活动以元认知为核心;另一方面,元认知和认知在终极目标上保持一致:使认知主体完成认知任务,实现认知目标。两者共同作用,促进和保证认知主体完成认知任务和实现认知目标。

第一节　什么是"元认知"

　　1976 年,约翰·弗拉维尔首次正式提出"元认知"这一科学概念,他将元认知表述为"个人关于自己的认知过程及结果或其他相关事情的知识",以及"为完成某一具体目标或任务,依据认知对象对认知过程进行主动的监测以及连续的调节和协调"。在弗拉维尔看来:"元认知是对认知的认知,意指以人的认知过程为对象,并对人的认知过程进行监视、控制、调节,包括元认知知识、元认知体验、元认知监控。"①1981 年,弗拉维尔对元认知做了更简练的概括:"反映或调节认知活动的任一方面的知识或认知活动。"②此外,A. Brown 与 L. Baker 也认为,元认知是"个人对认知领域的知识和控制"。

　　简单来说,"元认知"包含两方面的内容:对当前正在进行的认知过程(动态)和自我认知能力(静态)以及两者相互作用的认知。一方面,元认知是一个知识实体,它包含与静态的认知能力、动态的认知活动等相关的知识;另一方面,元认知也是一种过程,即人对自己当前认知活动的意识过程和调节过程。我国心理学工作者董奇通过对元认知的大量研究后指出:"元认知的实质就是人对认知活动的自我意识和自我调节。"③作为"关于认知的认知",元认知被认为是认知活动的核心,在认知活动中起重要作用。④

　　元认知主要由元认知知识、元认知体验和元认知监控三个成分构成,三者互为依据、互相制约,通过有机结合成为一个整体。其中,元认知知识是产生元认知体验的基本条件,元认知体验是形成元认知监控的根本前提,而元认知监控是元认知的目的和核心。根据元认知理论,学生学习调节和控制都是通过元认知体验与认知目标以及认知行动之间的相互作用而产生的。因此,只有在明确了认知目标并对自己的认知过程和效果之间的关系产生深刻体验后,才有可能对

---

　　① Flavell J H. Cognitive Monitoring[M]//Dickson W P. Children's Oral Communication Skill. New York:Academic Press,1981. 转引自:欧慧谋,唐剑岚. 国内数学元认知的研究与思考[J].课程·教材·教法,2012,32(05):58−61.

　　② 何华编著. 认知心理学理论和实践[M]. 上海:上海交通大学出版社,2017.08.

　　③ 申继亮等编著. 当代儿童青少年心理学的进展[M]. 杭州:浙江教育出版社, 1993.11.

　　④ 陈会昌,庞丽娟,申继亮,周建达主编.中国学前教育百科全书(心理发展卷).沈阳:沈阳出版社,1994.

自己认知活动的成败得失做出判断和评价,从而产生对策性的意识动机及自动化的调节与监控(行为调整),在学会数学的过程中会学数学。①

元认知在实质上属于人类的自我监控,它贯穿于人类所从事的形形色色的实践活动之中,可以说元认知无处不在。从生活作息到学习工作,人们要想保证各项活动能正常进行和顺利发展,都离不开自我监控。正是由于自我监控在人类实践活动中发挥的重要作用,古今中外许多哲学家、科学家都对它产生了浓厚的研究兴趣,并进行了很多与其有关的分析和思考。

一些研究表明,元认知与认知是两个不同的概念。Slife 等学者研究了认知水平相当的被试在元认知能力上是否存在差异——被试有两组:学习障碍(LD)儿童和正常儿童,两组儿童的智商(IQ)分数无显著差异,且在 10 道数学题及数学成就测验的得分相当,即他们的认知水平相当。研究结果表明,在解决问题时,两组被试在两项元认知指标上存在显著差异:与正常儿童相比,LD 儿童对自己解题技能的认识较不准确,对自己解题成绩的监测也较不准确,倾向于高估。认知水平相当的被试在元认知方面却有不同的表现,可见元认知与认知是可以分离的两个概念。另外,Swanson 的实验也证明了元认知与一般认知的相对独立性。Swanson 以元认知能力的高低和认知能力倾向的高低为依据,将被试分为四组:高元认知—高能力倾向组、高元认知—低能力倾向组、低元认知—高能力倾向组、低元认知—低能力倾向组。② 他对四组被试解决问题的成绩进行比较,发现不管一般能力倾向高或低,两个高元认知能力组的成绩都比两个低元认知能力的组要好。也就是说,元认知能力可以弥补一般认知能力倾向的不足,它是作为与一般认知能力倾向相对独立的一种因素起作用的。Slife、Swanson 的两个实验都证明,元认知是一种不同于一般认知的独立结构,它反映了个体对于自己"认知"的认知,而非"认知"本身。③

元认知和认知都属于人的认识和思维活动,它们是容易混淆的两个不同的概念,二者的区别主要表现在以下几个方面:

其一,认知与元认知认识和思考的对象是不同的。认知活动以外在的、具体的事物为对象,如记忆的对象是某个具体的事件或某篇文章,阅读的对象是某段具体的文字材料;而元认知的对象则是内在的、抽象的,是主体自身正在进行的

① 李志勇、陈梦璋. 元认知能力培训与小学数学教学(上)[J]. 辽宁教育,1999(05):42-44.
② 郑雪,陈少华,张兴贵主编. 小学生心理健康教育[M]. 广州:暨南大学出版社,2006.01.
③ 孙勇著. 高职数学核心能力探究[M]. 合肥:中国科学技术大学出版社,2011.04.

认知活动。

其二，认知与元认知的内容是不同的。认知活动的内容是对认识对象进行某种智力操作，例如阅读某一篇文章，通过辨认这篇文章的字词，理解其中的句子、段落，最后达到对文章的整体把握；而元认知活动的内容则是对认知活动进行调节和监控，如阅读中的元认知活动包括：明确阅读目的、将注意力集中在阅读材料中的主要内容上、对当前阅读活动不断进行调节、自我提问以便检查阅读效果、随时采取修正策略等。

其三，认知与元认知的目的是不同的。认知活动的目的是使认知主体取得认知活动的进展，完成认知的活动或操作，元认知则以监测认知活动的进展和结果的正确程度为目的。①

其四，认知与元认知的作用方式是不同的。认知活动可以直接使认知主体取得认知活动的进展②，例如主体阅读一篇文章，就能知道这篇文章的大意、中心思想等信息；而元认知则只能通过监测和调控主体的认知活动，间接地影响自己的认知活动，例如主体以自我检查的方式来确认自己的阅读效果是否达到预期目标。

此外，认知与元认知的发展速度是不同的。从个体认知发展过程的规律来看，相较于认知的发展，元认知的发展速度是落于其后的。研究表明，婴儿出生以后就有了一定的认知能力。而幼儿直到学前期才开始获得一些零星的、肤浅的元认知能力，这时候个体的元认知能力才开始发展。在小学生中，元认知能力更是存在极大的个体差异。然而通过加强对元认知的学习和培养，小学生的元认知能力就能获得迅速的发展和提高。

因此，从本质上讲，元认知是不同于认知的另一种现象，它反映的是主体对自己"认知"的认知，而非"认知"本身。但同时元认知和认知又是相互联系、不可分割的，元认知以认知为基础，没有认知，元认知便失去了对象；认知活动以元认知为核心，元认知通过对认知的调控，促进认知的发展。元认知和认知在终极目标上保持一致：使认知主体完成认知任务，实现认知目标。两者共同作用，促进和保证认知主体完成认知任务和实现认知目标。

---

① 郑雪，陈少华，张兴贵主编. 小学生心理健康教育［M］. 广州：暨南大学出版社,2006.01.
② 何华. 认知心理学理论和实践［M］. 上海：上海交通大学出版社,2017.08.

第二节　元认知相关研究概况

对于人们认识并调节自己认知能力的相关讨论,现在通常被称为"元认知",至少可以追溯到亚里士多德时代。自"元认知"这一科学概念被正式提出以来,元认知一直是认知心理学研究的热门话题,已经发展成为一个重要的研究领域,许多认知心理学学者在元认知研究领域做出了诸多贡献。到20世纪90年代,它引起了我国数学教育界的关注,许多数学教育工作者加入对学生数学元认知能力培养的研究中来,主要是"围绕数学元认知概念、数学元认知对数学学习的影响、数学元认知水平、数学元认知能力培养等话题展开"①,产生了一些研究成果,但是具有专业性较强而缺乏实践性等不足之处。

一、国外研究概况

对于人们认识并调节自己的认知的能力的讨论,可以追溯到亚里士多德时代。亚里士多德十分关注人对自己思维能力的认知,他关于读书方法的论述中,蕴藏了丰富的思想,即在学习中进行自我监控与调节。

之后,瑞士认知发展心理学家皮亚杰、美国教育家杜威、心理学家桑代克等人分别从不同的角度论述、研究了智力活动中的自我监控与调节问题。他们都在一定程度上指出并说明了自我意识过程、积极监控行为以及批判性能力在智力活动和学习活动中的重要性。

苏联著名心理学家维果斯基就对自我监控问题进行了精粹的论述。在《思维与言语》一书中,维果斯基指出:"意识活动可以指向不同方向,它可能只集中在思维或动作的某些方面。我刚才打了个结,我是有意识做的,但我不能说我是如何做的,因为我的意识集中在结上,而不是我自己的运动上,即我是如何行动的。当后者成为我意识的目标时,我可以充分地认识到它。我们使用意识去表示对大脑自身活动的意识,即对意识的意识。不言而喻,对意识的意识和对动作的意识都是自我监控的典型表现。"②皮亚杰和维果斯基都认为,大多数人,尤其是年轻人和儿童,缺乏对自己心理功能的认识。

---

① 欧慧谋,唐剑岚. 国内数学元认知的研究与思考[J]. 课程·教材·教法,2012,32(05):58-61.
② 董奇,周勇,陈红兵. 自我监控与智力[M]. 杭州:浙江人民出版社,1996.11.

1976 年，心理学教授约翰·弗拉维尔在研究儿童记忆活动时发现：随着年龄的增长，儿童对自己记忆正确性的判断能力在不断地发展。在此基础上，弗拉维尔称这种能力为"元记忆"，随后他在《认知发展》一书中又进一步提出了"元认知"这一概念，"元认知"此时才作为一个科学概念被正式提出，元认知研究也从此开创①。弗拉维尔认为，元认知包含了两个方面，一方面是对认知主体、自身能力、认知任务、认知目标、认知策略及过程有关的知识；另一方面是个体对认知过程的主动观察、计划、监控和调节。后来，弗拉维尔又将元认知概括为"个体对自己认知状态和过程的意识和调节""反映或调节认知活动的任一方面的知识或认知活动"②，其核心意义是对认知的认知。

20 世纪 70 年代末，心理学家斯滕尔伯格提出并发展了智力三重理论，他认为认知可以分为三大类：元成分、操作成分和知识习得成分。其中，元成分与元认知在功能上完全相同。布朗则将认知过程分成两种：一是元认知过程，用来控制信息加工的各种执行性能力；二是认知过程，用来执行任务策略的非执行性能力。

目前心理学界对于元认知本身的定义虽然是不确定的，但看法趋于一致。即"元认知就是对认知的认知，是人们对认知活动的自我意识和自我调节"③，由元认知知识、元认知体验和元认知监控三种元认知成分构成。其中元认知知识就是个体关于自己或他人的认识活动的过程、结果、任务目标和方法以及影响认知活动的各种因素等有关的信息和知识。元认知体验就是伴随着认知活动的进行而产生的认知体验或情感体验，它是推动认知活动顺利进行的内在动力。元认知监控就是主体在认知活动的全过程中，将自己正在进行的认知活动作为意识对象，不断地对其进行积极自觉的监视、控制和调节，以达到预定的目标。一般来说，元认知监控是在元认知知识、元认知体验相互作用的基础上实现的，丰富的元认知知识和元认知体验有助于主体对自己的认知活动进行有效的监控，同时元认知监控能力又制约着主体元认知知识的获得和水平。因此，在实际认知活动中，三者相互作用，相互制约构成一个统一的整体，其中元认知监控处于

---

① 姜英杰. 元认知研究的历史源流与发展趋势[J]. 东北师大学报(哲学社会科学版)，2007(02)：156–161.

② 何华. 认知心理学理论和实践[M]. 上海：上海交通大学出版社，2017.08.

③ 例如我国心理学工作者董奇通过对元认知的大量研究后指出，元认知的实质就是人对认知活动的自我意识和自我调节. 转引自：申继亮等编著. 当代儿童青少年心理学的进展[M]. 杭州：浙江教育出版社，1993.11.

核心地位。①

二、国内研究概况

虽然我国对元认知的具体研究起步较晚,但是自我监控思想在我国却有着悠久的历史。从春秋时代的孔子到历朝著名的思想家、教育家,如王充、刘勰、韩愈、朱熹等人,都对自我监控有许多深刻的见解。例如《荀子·解蔽》中记载:"心者,行之君也,而神明之主也;出令而无所受令。自禁也,自使也,自夺也,自取也,自行也,自止也。"②其中的"自禁、自使、自夺、自取、自行、自止"其实指的就是元认知能力。《礼记·学记》中记载:"学然后知不足,教然后知困。知不足然后能自反也;知困然后能自强也。故曰教学相长也。"③这里的"自反"指自我反省,从而加紧学习;"自强"指发奋努力,提高自己,说明了自我监控在教和学中的作用。《学记》中还说:"学者有四失,教者必知之。人之学也或失则多,或失则寡,或失则易,或失则止。此事者心之莫同也。知其心,然后能救其失也。教之者,长善而救其失也。"这里提到了教师要了解学生在认知活动中存在的问题,要根据学生的认知特点,及时调整教学策略,调节自己的教学和学习活动,指的都是元认知能力中对主体的监控和调节。

20世纪90年代,数学元认知在国内数学界得到普遍关注,学者们对此开展了广泛的研究,从理论上阐述了数学元认知的结构,赋予元认知更为具体的数学内涵。学者们在理论层面分析了数学元认知对数学学习和数学能力发展的作用和意义,主要"围绕数学元认知概念、数学元认知对数学学习的影响、数学元认知水平、数学元认知能力培养等话题展开"④。

1962年,朱智贤教授在《儿童心理学》一书中,对儿童的自我意识、自我评价的发生、发展及其作用做出了深刻的分析。⑤ 林道荣先生等学者从元认知在数学教学中的意义出发,阐述了在数学教学中要注意元认知培养的必要性和重要性。他们指出,元认知在数学教学中的意义主要表现在:非智力因素通过元认知思想向智力因素转化,动机、情趣、意志只有通过有效的认知活动,培养和发展智力,才能转化为智力因素。元认知思想引导数学思维发展,数学思维能力内在的

---

①　庞进生,徐肖丽. 元认知与数学元认知能力综述[J]. 商丘职业技术学院学报,2005(5).
②　方达评注. 荀子[M]. 北京:商务印书馆,2016.08.
③　(元)陈澔注;金晓东校点. 礼记[M]. 上海:上海古籍出版社,2016.11.
④　欧慧谋,唐剑岚. 国内数学元认知的研究与思考[J]. 课程·教材·教法,2012,32(05):58－61.
⑤　朱智贤. 儿童心理学 上册[M]. 北京:人民教育出版社,1962.

深层次根源来自元认知的自我监控思想。① 贲爱玲先生则从宏观的角度谈论了在教师教育中应用元认知理论进行反思性教学的话题,他认为教师对教学的自觉反思的过程就是一种内隐的元认知过程,这是从一个更有高度的视角来阐述元认知的培养问题,教师有了元认知培养意识,才能在教学中有意识地培养学生的元认知。②

许多数学教育工作者也加入元认知的研究中来。朱德全"从数学问题解决的表征与元认知的开发着眼,阐述了元认知在数学问题解决中的作用,以及如何通过解决数学问题,对学生进行元认知能力的开发的策略训练"③,郭成进行了"元认知训练对不同认知风格小学生解应用题能力影响的实验研究",并得出结论:"思维训练的元认知训练比一般思维训练对小学生的解应用题能力和元认知能力的发展有更明显的促进作用。"④童世斌研究了"解答数学应用题思维策略的元认知训练",其主要结论为,在学科领域进行思维训练和元认知策略训练能提高学生解数学应用题的能力;不同训练方法对各种层次的学生产生的效果不一样,中等生的效果最明显。⑤ 章建跃探讨了中学生数学学科自我监控能力的结构发展及影响因素,认为增强中学生自我监控能力能提高课堂效率,提升学生数学能力。⑥ 王合义和张志强合作研究了"初中生解决实际问题与元认知能力的开发的关系",认为重视元认知能力的开发能够提高学生解决问题的能力。⑦

综合来看,国内外对于数学元认知能力培养的研究仍有一些不足:一是理论研究较多,但研究范围有限,专业性太强,过于抽象,导致在实际教学中缺乏指导性、可操作性和很强的针对性,难以具体应用。实践工作者的研究策略稍显零乱,缺乏普遍性、规律性。二是对于数学元认知的研究大多停留在初中阶段,小学阶段比较少见,与实际教学情境相联系的元认知训练更少。本书着眼于小学阶段数学元认知能力在实际教学中的培养,弥补了先前研究的缺憾,反映出本选

① 林道荣,郭跃华,缪雪晴,庄海宜. 非智力因素、元认知与数学教学质量提高[J]. 江苏理工大学学报(社会科学版),2000(01):75-77.
② 贲爱玲. 在教师教育中应用元认知理论进行反思性教学[J]. 南京晓庄学院学报,2004(4).
③ 朱德全. 数学问题解决的表征及元认知开发[J]. 教育研究,1997(03):50-54.
④ 张大均. 教学心理学研究[M]. 重庆:西南大学出版社,1998.
⑤ 张大均. 教学心理学研究[M]. 重庆:西南大学出版社,1998.
⑥ 章建跃. 中学生数学学科自我监控能力[M]. 上海:华东师范大学出版社,2003.05
⑦ 王光明,王合义,张国宏. 数学元认知研究现状综述[J]. 中学数学教学参考,1999(10):31-32.

题的价值所在。

第三节　元认知核心概念阐述

为便于读者更好地理解本书的内容,在此有必要对本书所涉及的元认知研究的相关核心概念,包括元认知、元认知能力、数学元认知、数学元认知知识、数学元认知体验、数学元认知监控等,再做一次集中的阐述。

"元认知"的实质是人对自身认知过程的认知。例如学生在学习中一方面要进行包括感知、记忆、思维等认知活动,另一方面又要对自己的认知活动进行积极的监控和调节,这种对自己的认知活动再感知、再记忆、再思维就称为元认知。元认知不仅包括对学生当前正在进行的认知过程和自我认知能力以及两者相互作用的认知,还包括调节这些过程的能力:对自己的思维和学习活动的知识和控制。元认知主要由元认知知识、元认知体验和元认知监控三个成分组成,它们相互联系、密不可分,共同发挥作用。此外,元认知能力包括五个环节,分别是:提出问题,做出计划,监控实施,反思评价,及时补救。

元认知指的是人对自己认知过程的自我觉察、自我反省、自我评价与自我调节,元认知的发展水平对个体思维、智力水平的发展起着直接制约的作用,对学生的学习也具有重要影响。数学学习是一个复杂的心理活动过程,其中关键的活动是思维。作为整体的数学思维结构,思维的监控和调节是思维活动的动力和核心,处于支配地位,它制约着学生对知识的感知、理解和运用。大量心理学研究已经证明:"一个人的思维水平的高低,就代表了元认知发展水平的高低。"[1]还有大量的教学实践已经证明,在数学学习的过程中,影响学生的学习效率和学习质量的最重要的因素就是学生的数学元认知能力的强弱和运行的水平。数学元认知能力对数学学习活动的各个阶段都能起到修正目标、激活策略、监控和调节进程等作用。根据元认知理论,"学生对自己的学习活动的调节和控制都是通过元认知体验与认知目标以及认知行动之间的相互作用而产生的"[2]。因此,教师在教学过程中应该对学生元认知能力的开发与培养给予足够

[1] 李志勇,陈梦璋.元认知能力培训与小学数学教学(上)[J].辽宁教育,1999(05):42-44.
[2] 李志勇,陈梦璋.元认知能力培训与小学数学教学(上)[J].辽宁教育,1999(05):42-44.

的重视,应该注重提高学生的元认知发展水平,这对教导学生学会学习无疑具有重要作用,有助于促进学生智力发展,让学生在学会数学的过程中会学数学,真正成为课堂活动的主体和学习的主体。

相对于数学活动这一特殊的认知活动,数学元认知也是客观存在的。区别于数学认知,数学元认知的认知对象不是数学材料(如数学问题、数学知识),而是数学认知过程(如解题过程、学习过程),其目标则是监控数学认知的进程。这也就是说,数学元认知能力既包括主体对自己的数学认知活动、过程、结果的认知以及与之有关的知识,又包括主体对自身数学认知活动的计划、体验、监控和调节,它是一种超出了一般数学认知活动范围的动态的认知监控系统,是整个认知活动的"监察官"和"领导者"[①]。相应地,数学元认知可以分为数学元认知知识、数学元认知体验和数学元认知监控三个部分,三者也是相互依赖、相互制约的,它们有机结合,共同作用,构成了统一的整体。

数学元认知知识是指影响数学认知活动的一般性知识,就是学生对数学学习、解决数学问题的认知过程的认识,包括"数学认知个体的知识、有关数学任务的知识、有关数学活动过程中策略的知识"[②],即学生对什么因素影响数学认知活动过程与结果、这些因素是如何起作用的、它们之间是怎样相互作用等问题的认识。对小学生来说,数学元认知知识具体表现为小学生对个人学习能力、学习特点、学习方式、学习目标、学习策略及各个策略特点的认识。

数学元认知体验指的是伴随着学生的数学学习认知活动而产生的任何认知体验或情感体验,可以发生在认知过程中的任何时刻:在学生的认知活动开始之前,数学元认知体验可以充分激发学生的思维能力,督促学生自觉监视自己在认知活动过程中的思维过程;在认知活动过程中,数学元认知体验可以具体表现为学生的学习潜能意识,即学生在学习中可能成功或失败,从而意识到自己对学习内容的掌握程度;在认知活动结束后,学生也会产生一定的情感体验,如喜悦自信、困惑焦虑、效能感、无力感等情绪。另外,数学元认知体验可以激活数学元认知知识,使数学元认知知识得到巩固,也可以使数学元认知监控进行有目的性的调节和控制。因此可以说,"数学元认知体验是连接数学元认知知识、数学元认知监控的桥梁"[③]。

---

① 钱振玉. 小学中高年级培养学生数学元认知能力的研究[D]. 苏州大学,2011.
② 陈锦花. 提高五年级学生数学元认知能力的教学实践[D]. 上海师范大学,2015.
③ 陈锦花. 提高五年级学生数学元认知能力的教学实践[D]. 上海师范大学,2015.

数学元认知监控是指学生在进行认知活动的全部过程中,以自己正在进行的认知活动为对象,不断对其进行积极的监控和调节,以达到预定目标的动态过程。数学元认知监控在小学生的数学学习中,具体可以表现为小学生根据自己的能力水平、知识掌握程度,采取有效的学习策略,积极地调节自己的学习行为和学习态度,及时修正和灵活运用学习方法,努力完成学习目标。数学元认知监控在元认知知识和元认知体验的双重作用下进行监控调节,是数学元认知的核心成分。

总之,数学元认知知识、数学元认知体验和数学元认知监控这三个成分是相互依赖、相互制约的,三者有机结合构成了统一的整体。

在已经对元认知能力与数学元认知能力的核心概念有了更清晰的前提下,我们就可以正式进入本书的主体部分,也就是对小学生数学元认知能力培养的课题研究了。

　　小学生数学元认知能力培养与当今注重核心素养的教育改革时代背景紧密相关。在我国当前的教育实践活动中，"改善学生的思维能力""培养和提高学生的学习能力""教会学生如何学会学习""让学生成为学习的主人"等都已成为社会关注的教育热点问题。当前我国正在实施基础教育课程改革，本次课程改革的显著特征之一就是课堂方式的转变，即由"重教"开始转向"既重教，更重学"，并且强调关注学生的学习技术与策略，使学生真正成为积极能动的主体。在强调学生核心素养的时代背景下，学校的学科教育不仅需要传授学科知识和技能，更需要加强对学生实践创新等各种素养的培养。《义务教育课程方案和课程标准（2022年版）》明确了"立德树人"的根本任务，确立了核心素养导向的课程目标，设计结构化的课程内容，实施促进学生发展的教学活动，促进信息技术和课程的融合。通过数学学习，使学生学会用数学的眼光观察现实世界，学会用数学的思维思考现实世界，学会用数学的语言表达现实世界。

　　在上述教育改革背景下，研究小学生的元认知监控学习策略，把小学生数学元认知能力的培养和开发作为研究对象，具有理论和实践两方面的深刻意义。在理论上，研究小学生数学元认知能力的培养和开发，可以使教师的教学理论得到更新，促使教师培养学生学会知识结构化反省，同时可以对学生的知识结构和学习习惯进行不断优化，科学地引导学生分析知识点的内在联系，重新编码知识点，将知识系统化，有助于学生深入了解知识点的内容和知识点之间的内在联系，这对学生知识迁移能力的形成具有重要意义。在实践上，对小学生数学元认知能力的培养和开发可以促进教师教学方式的转变，培养学生的良好学习习惯，提升学生的思维能力，提高数学教学的质量和水平，符合新课改的教学要求和培养目标，对教育改革具有可持续影响。笔者通过对小学生数学元认知能力培养的课题研究，总结出许多有益于小学数学教学实践的研究成果，得出了一些具有科学性和实用性的结论。

第二章　小学生数学元认知能力
培养的时代背景

对小学生数学元认知能力的培养并非突发奇想的教学创新之举,而是与当今教育改革的时代背景紧密相关的。

首先,今天的课堂教学更加重视学生在课堂上的主体性、能动性。如新课改的教学观要求,教学要从"以教育者为中心"转向强调"以学习者为中心",从"教会学生知识"转向强调"教会学生学习",从"重结论轻过程"到"重结论的同时更重过程",从"关注学科"到"关注人"。新课改的教师观要求,教师要从知识的传授者转变为学生学习的引导者和学生发展的促进者,从课程的忠实执行者转变为课程的建设者和开发者,从"教书匠"转变为教育教学的研究者和反思的实践者。

其次,如今的课堂教学更加强调提升学生的核心素养,2014 年,中华人民共和国教育部研制印发《关于全面深化课程改革落实立德树人根本任务的意见》,提出了"学生发展核心素养",即"学生应具备的适应终身发展和社会发展需要的必备素质和关键能力",党的十九大进一步强调要把落实立德树人作为根本任务,不断提高学生的核心素养,培养适应新时代发展的优秀人才。在培育核心素养的理念下,学校的学科教育不但需要传授学科基础知识和基本技能,而且需要加强对小学生实践创新等各种素养的培养,素质教育的要求必须在小学阶段得到落实,因此,培养和发展小学生的数学元认知能力是符合学生主体内在完善的要求的。

最后，培养小学生数学元认知能力在客观上具有可能性和可行性。小学生的思维正逐渐从以具体形象思维为主过渡到以抽象概念思维为主，他们具备开发数学元认知能力的生理基础，已有的研究和经验也证明了培养小学生数学元认知能力的可行性。培养小学生的数学元认知能力，不仅是响应党和国家立德树人的基本任务的要求和适应小学生自身内在完善的发展需要，也在客观层面具有一定的可能性。一方面，小学生特别是小学高年级的学生，能够实现一定时间内的自我监控，能够承担数学课程中梳理教学脉络的学习任务；另一方面，已有的教育研究表明，在小学阶段培养学生的数学元认知能力是符合儿童身心发展规律的，同时具有学术层面的可行性。

第一节 "重教亦重学"时代下的元认知

在课堂教学中，当今教育研究的趋势是从"重教"转向"既重教，更重学"，培养和提高学生的学习能力、因材施教、使学生成为学习的主人等都已成为教育改革的热点。因此，数学教学活动不仅是教师帮助学生感知、辨别、理解和认知所学的数学材料和数学知识，还应该是教师引导学生学会不断调节、监控和完善自身认识过程的活动。可以说，数学元认知能力已经成为数学教学活动中一个引人注目的新概念。

数学学习是一个复杂的心理活动过程，其中最关键的活动是思维活动。作为整体的数学思维结构，思维的监控和调节是思维活动的动力和核心，处于支配地位，它制约着学生对知识的感知、理解和运用。大量心理学研究和教学实践证明，在数学学习过程中，影响学习效率的高低、学习的成功与否的最重要因素在于学生的数学元认知能力的强弱和运行水平的质量。[①] 可以说，数学元认知能力在数学学习活动的各个阶段起着修正目标、激活策略、监控和调节进程等作用。

因此，从元认知的角度来看，小学生的数学学习活动不仅是一个感知、辨别和加工理解所学数学材料的认知过程，同时也是一个积极监控和调节该过程的元认知过程。教学中只有既重视数学的认知能力的培训，又重视学生在认知过

① 李志勇，陈梦璋. 元认知能力培训与小学数学教学(上)[J].辽宁教育,1999(05):42 –44.

程中对自身思维过程的监控和调节的元认知能力的培训,并把两者有机地结合起来,才能教学生学会数学,提高学生的数学学习能力。实践表明,数学优生与数学差生在元认知上存在明显差异。在数学学习中,成绩优秀的学生一般都有实用的学习计划,善于选择适合自己个性的学习方法,善于分析学习过程中的问题。特别是当他们的认知出现偏差时,可以及时地通过反省找到问题的症结所在并及时纠正,他们也善于总结经验教训,能合理评价自己的学习动机、学习态度和认知水平;能够根据各种情况相应地控制和调节自己的学习状态。在上述这些方面,数学成绩较差的学生明显做得不如数学优秀的学生,这反映了"元认知水平的高低会引起学生数学学习能力的明显差异"①。

　　但是在当前的学校中,许多教师对小学生数学元认知能力的培养和开发还不够重视,具体表现为教师重视对学生的学习兴趣的研究,轻视对学生的认知策略,特别是元认知能力方面的研究。虽然非智力因素对于学生的学习具有动力系统的作用,但是智力因素的挖掘对于学生的数学学习效果更加重要,比如一些小学生常常出现不会审题、不会思考等学习上的错误,这些错误并不是只有学习数学的兴趣就能决定和解决的。还有一些错误,如计算的准确率不高、点错了小数点等,这些往往被人们称作"马虎粗心",马虎粗心反映在学生认知领域,是由缺乏对认知的监控所致的。章建跃、林崇德等人采用自编中学生数学学习问卷的方式,考查中学生数学学科自我监控能力发展状况②,结果表明,在正常学校教育条件下,中学生数学学科自我监控能力的发展落后于其他心理能力的发展,突出表现在解题后反思水平较差。这恰恰给小学教育敲响了警钟。

　　由此可见,下大力气开发学生的智力水平,培养学生的数学元认知能力,是帮助学生学好数学、提高数学学习效率和质量的必需。只有从小学阶段开始注重培养学生的数学元认知能力,才能真正响应"重教亦重学"的时代要求,因材施教,培养和提高学生的学习能力,才能真正符合新课改的教学观和教师观提出的原则和要求,把教学由"以教育者为中心"转向"以学习者为中心",由"教会学生知识"转向"教会学生学习",由"重结论轻过程"转向"重结论的同时更重过程",由"关注学科"转向"关注人",才能真正把教师的角色从知识的传授者转变为学生学习的引导者和学生发展的促进者,从课程的忠实执行者转变为课程的

　　① 李玉龙. 数学元认知及其能力培养初探[J]. 现代教育科学,2008(02):100-101.

　　② 章建跃,林崇德. 中学生数学学科自我监控能力的发展[J]. 中国教育学刊,2000(04):46-49.

建设者和开发者,从传统的"教书匠"转变为教育教学的研究者和反思的实践者,真正发挥学生在课堂上的能动作用,使学生成为课堂的主人。

第二节　核心素养背景下学生内在完善的要求

如今的课堂教学更加强调提升学生的核心素养。2014 年,中华人民共和国教育部研制印发《关于全面深化课程改革落实立德树人根本任务的意见》,提出"教育部将组织研究提出各学段学生发展核心素养体系,明确学生应具备的适应终身发展和社会发展需要的必备品格和关键能力",旨在贯彻落实党的十八大和十八届三中全会提出的关于立德树人的要求。教育部同年发布的《中国学生发展核心素养》提出,要实现学生的自主发展,重在强调让学生能有效地管理自己的学习和生活,认识和发现自我价值,发掘自身潜力,有效应对复杂多变的环境,成就出彩人生,把学生培养成有明确人生方向、有生活品质的人。① 党的十九大在这个基础上进一步强调,要把落实立德树人作为根本任务,不断提高学生的核心素养,培养适应新时代未来发展的人才。这些举措标志着基础教育已经从"知识核心时代"走向了"核心素养时代"。

在强调学生核心素养的时代背景下,学校的学科教育不仅需要传授学科知识和技能,更加需要加强对学生实践创新等各种素养的培养。培养和发展小学生的数学元认知能力是符合提高学生的核心素养的时代要求的,主要体现在两方面:第一,素质教育的要求必须在小学阶段得到落实;第二,发展元认知是学生主体内在的完善过程。培养和发展小学生的数学元认知能力既是提高小学生数学学习质量的应然之义,也是帮助小学生形成正确的认识观的必然要求。数学元认知有助于提升小学数学教学的效果和水平;有助于小学生完善人格,提高社会适应能力;有助于提高小学生对自己学习过程的监控能力,让小学生更加健康全面地成长。

一、素质教育的要求必须在小学阶段落实

素质教育是指一种旨在提高受教育者诸方面素质的教育模式,素质教育反

---

① 中国学生发展核心素养——三个方面六大素养[C]//.中学教育科研 2018 年第 1 期(总第 224 期).2018:3.

映了教育的自然属性,我们看到人在自然环境中的生命运动贯穿着教育过程的始终,教育过程中必然存在生命运动的状态和规律,揭示这种状态和规律,从而真正实现素质教育的本质功能——提高人们主动而正确地认识和适应自然的能力,它是素质教育的出发点和归宿。因此,学会学习、学会求知是素质教育的核心要义。

作为一种核心素养,"学会学习"是指探究如何去探究,思考如何去思考等,在某种程度上,学会学习不同于直接的具体内容的学习,前者是关于元认知策略与监控方面的核心内容。① 从联合国教科文组织提出"学会学习"这一概念,到当下各国纷纷将其纳入素养结构体系以来,的"学会学习"的内涵和定位都发生了巨大的变化,"学会学习"已经从一种单一的认知策略发展成为一种综合情感、元认知和认知等在内的复杂素养。在欧盟近期的概念和测评框架中,元认知作为自主控制自己的思考和学习过程的能力成为与认知和情感并列的核心成分。②

"学会"这两个字,关键不在于"学",而在于"会"。"学"可以由学生的热情与兴趣促进,会不会则只能由认知能力决定。训练小学生的元认知能力是一项科学研究,对我们来说是有一定困难的,但绝不能回避或者绕开对小学生数学元认知能力的培养、开发和研究。小学是人生教育的基础阶段,因此我们应该尽可能地开发小学生的智力水平,培养他们的数学元认知能力,不断进行探索和研究,这是教师的使命所在。

二、发展元认知是学生主体内在的完善过程

已经有大量的心理学研究表明,一个人的思维和智力水平取决于元认知发展水平。③ 根据元认知理论,学生对自己学习活动的调节和控制是通过元认知体验、认知目标和认知行动之间的相互作用而产生的。④ 数学学习是一个复杂的心理活动过程,思维是其中最关键的活动,思维的监控和调节是思维活动的动力和核心,处于支配地位,制约着学生对知识的感知、理解和运用。

大量的教学实践也证明,在数学学习过程中,影响学生学习效率高低、学习

① McCormick R. *Learning How to Learn*: *A view from the LHTL Project England*[C]//Learning to Learn Network Meeting Report from the First Network Meeting,2006:30-31.
② 夏雪梅,杨向东. 核心素养中的"学会学习"意味着什么[J]. 课程. 教材. 教法,2017,37(04):106-112.
③ 李志勇,陈梦璋. 元认知能力培训与小学数学教学(上)[J].辽宁教育,1999(05):42-44.
④ 李志勇,陈梦璋. 元认知能力培训与小学数学教学(上)[J].辽宁教育,1999(05):42-44.

结果成功与否的最重要因素是学生的数学元认知能力的强弱和运行水平的质量的高低。小学生的数学元认知能力对小学生数学学习活动的各个阶段都能起到修正目标、激活策略、监控和调节进程等作用。因此，在数学教学中教师注重培养小学生的数学元认知能力、提高小学生的元认知发展水平，这无疑对教导学生学会学习、促进学生智力发展以及在学会数学的过程中会学数学具有重要的促进作用。

元认知，也是一种哲学思维的表现形式。一方面，正是因为具有了自我监控能力，个体才能审视和反省自己，进而才树立自己的奋斗目标，制订自己的行动计划，从而为以后的自我发展和自我实现奠定基础；另一方面，在个体自我发展和自我实现的过程中，无论是目标的树立、方向的确定、计划的制订还是具体行为和行动的实施、调整及控制，其中每一步都是以个体一定的自我监控能力为手段的，这实际上也是个体自我监控能力的具体体现。综上，自我监控在人类成长史上具有重要意义。自我监控对于个体成功适应社会非常重要，它是完成各种任务和协调与他人关系的必要条件。缺乏自我监控的人很难立足于社会。人的一生是一个不可逆的过程，为了提高人的社会价值，使人生更有意义，就必须善于认识自己、规划自己、安排自己、控制自己，使个人发展与社会进步相协调、相和谐。

第三节　培养小学生数学元认知能力的可能性

重视培养小学生的数学元认知能力，不仅是响应党和国家立德树人基本任务的要求和适应小学生自身内在完善的发展需要，也在客观层面上具有一定程度的可能性。一方面，小学生的身心发展特点具备开发数学元认知能力的生理基础，小学生的思维正逐渐从以具体形象思维为主过渡到以抽象概念思维为主，小学阶段的学生特别是小学高年级的学生能够实现一定时间内的自我监控，能够承担在数学课程中梳理教学脉络的学习任务；另一方面，已有的教育研究和数学教学实践也表明，在小学阶段培养学生的数学元认知能力是符合儿童身心发展规律的，有助于教会学生会学数学，更好地提高学生的数学学习能力，在学术层面上具有一定程度的可行性。

一、小学生的身心发展特点具备了开发的生理基础

与初中生或者大学生相比，小学生的身心发展特点具有比较高的独特性，这主要体现在小学阶段的学生在思维培养以及想象力培养方面的可塑性比较大①。儿童发展心理学家已经证明，儿童自小学阶段开始，也就是 6 岁至 12 岁的儿童，他们的思维正在经历逐步从以具体形象思维为主要形式过渡到以抽象概念思维为主要形式的过程②。虽然很多小学生对事物的想象仅仅是在比较片面和模糊的基础上，根据他们自身的认知进行想象的一个过程，但是在经过不断的学习以及受到良好的教育培养之后，小学生会逐渐地提高自己对事物的了解程度，并且会逐渐对事物形成一个完整而且清晰的认知。

值得注意的是，虽然小学生思维发展的总趋势是从以具体形象思维为主向以抽象概念思维为主过渡，但是小学生抽象思维的形成与发展，在很大程度上仍取决于他们对事物的直接感知，并与他们的感性经验相联系，具有显著的具体形象特点。因为这种抽象的逻辑思维仍需要以具体形象为支柱，所以又可以称之为形象抽象思维。

在小学阶段，学生的思维发展也具有阶段性特点，低年级儿童的形象思维所占的成分较多，而高年级儿童抽象思维的成分较多。例如董奇、周勇的研究发现："随着学生年龄的增长和所在年级的增高，学习自我监控在中小学生的学习活动中的作用日益增大。"③现在有些研究认为，小学生这种形象思维向形象抽象思维的转折大约发生在四年级时期，不过这是一种相对的说法，转折期的早晚跟教师的教育水平、教育方法有密切的联系。总体而言，小学生掌握概念大致要经过三个阶段：低年级的直观形象概括阶段、中年级的形象抽象概括阶段和高年级的本质抽象概括阶段。小学低年级儿童不能理解的概念比较多，因此他们较多应用具体实例、直观特征的形式来掌握概念，小学中年级儿童处于概念掌握的过渡阶段，小学高年级儿童不能理解的概念减少，逐渐能根据非直观的重要属性、实际功用、种属关系来认识事物、掌握概念④。举例而言，小学高年级（一般是指四年级到六年级）学生的年龄普遍在 10 岁至 12 岁，按照皮亚杰的儿童认知发展理论，他们的认知水平正处于从具体运算阶段到形式运算阶段的转变进程中，具备了在成人指导下的理解力和自控力，小学高年级学生如果想顺利完成学

---

① 单芳香. 小学生身心发展的特点及教育措施[J]. 读写算,2021(13):31-32.
② 李丹. 儿童发展心理学[M]. 上海:华东师范大学出版社,1987.06.
③ 董奇,周勇. 10—16 岁儿童自我监控学习能力的成分、发展及作用的研究[J]. 心理科学,1995(02):75-79+127.
④ 李丹. 儿童发展心理学[M]. 上海:华东师范大学出版社,1987.06.

习活动,就需要较多的自主投入和自我监控。

综上,小学生的思维正逐步从以具体形象思维为主过渡到以抽象概念思维为主,他们的身心发展特点具备开发数学元认知能力的生理基础。

二、已有的研究和经验证明了培养的可行性

大量的教学实践表明,元认知在小学生数学学习活动中存在并发挥着重要作用。小学生的数学学习活动不仅是他们对所学数学材料的感知辨别、加工理解的认知过程,同时也是他们积极监控和调节自己认知过程的元认知过程。数学元认知策略是应用于小学生数学学习全过程的"导航器",教师只有既重视培训学生数学认知能力,又重视培训学生在认知过程中监控和调节自身思维过程的元认知能力,把二者有机地结合起来,才能教会学生会学数学,提高学生的数学学习能力。在这种元认知教学策略的指导下,即使学生的思维在学习中受阻,他们也会及时校正思维方向,调整路径,努力解决问题。

数学学习能力强的学生,在数学学习中具有较高的元认知能力发展水平。他们清楚地认识到自己的数学学习过程和学习特点,对数学学习策略有较多的认识,并善于灵活地应用各种策略监控自己的数学学习。数学能力差的学生则恰恰相反。如在第一篇第二节中提到的郭成进行的"元认知训练对不同认知风格小学生解应用题能力影响的实验研究"[①]所得出的结论:思维的元认知训练比一般思维训练对小学生的解应用题能力和元认知能力的发展有更明显的促进作用。此外,董奇、周勇、陈红兵在著作《自我监控与智力》[②]中已经谈及儿童自我监控能力,王海英在著作《智慧的跷跷板 幼儿元认知研究》[③]中、王雨晴在她与陈英和合作发表的《幼儿心理理论和元认知的关系研究》[④]等论文中也已提到儿童元认知能力的培养,结合他们的研究经验,在小学阶段培养学生的数学元认知能力是符合儿童身心发展规律的又是可行的。

在小学数学教学中,培养小学生数学元认知能力具有可能性和可行性。本书主要研究对小学生高年级学生的数学元认知能力的培养,在小学数学教育的实践领域具有一定的应用价值,也有助于丰富小学数学教学的相关学术研究。

---

① 郭成,张大均. 元认知训练对不同认知方式小学生应用题解题能力的影响[J]. 心理科学,2004(02):274 – 277.

② 董奇,周勇,陈红兵. 自我监控与智力[M]. 杭州:浙江人民出版社,1996.11.

③ 王海英著. 智慧的跷跷板 幼儿元认知研究[M]. 南京:江苏教育出版社,2005.12.

④ 王雨晴,陈英和. 幼儿心理理论和元认知的关系研究[J]. 心理科学,2008(02):319 – 323 + 314.

同时,本书努力为教师的实际教学提供了一些有益的指导和启示,有助于提升小学数学教学的质量和水平,也有助于让小学生在数学学习中获得更大的收益和成功的喜悦,让小学生对数学学习产生浓厚的兴趣和自主探究的积极性,成为学习的主人。

第三章 研究小学生数学元认知能力培养的意义

　　重视小学生数学元认知能力的培养与当今教育改革时代背景是紧密相关的。目前,我国正在实施基础教育新课程改革,注重学生学习方式的转变是本次课程改革的显著特征之一。元认知能力,尤其是元认知监控学习策略是实现学生学习方式转变的关键因素之一。

　　在这样的教育改革背景下,以小学生数学元认知能力的培养和开发为研究对象,研究小学生的元认知监控学习策略,具有理论和实践两方面的深刻意义。

第一节 元认知研究的理论和实践意义

　　从元认知的角度来看,小学生的数学学习活动不仅是一个感知辨别和加工理解所学数学材料的认知过程,同时也是一个积极监控和调节该过程的元认知过程。因此,开展数学教学活动不仅要让学生理解数学知识,还应该不断调节和完善自身的认识过程。因此,元认知能力在智力活动的开展过程中,起着重要的调整作用,对人的智力发展具有重要意义。

　　对小学生数学元认知能力的研究,具有理论和实践两个层面的重要意义。在理论层面,研究小学生数学元认知能力的培养和开发,能够及时更新教师的教学理论,促进教师培养学生学会知识的结构化反省,同时可以使学生的知识结构和学习习惯得到不断优化和改善,也可以科学地引导学生分析数学知识点之间的内在关系,学会重新编码知识点,使知识系统化,这对学生知识迁移能力的形成具有重要的意义。在实践层面,研究小学生数学元认知能力的培养和开发可以促使教师教学方式的转变,能够帮助学生培养良好的学习习惯,提升学生的思维能力,提高小学数学教学的质量和水平,这不仅符合新课改的教学要求和培养目标,而且对我国的教育改革也具有可持续的有益影响。

一、元认知研究的理论意义

从心理学外部发展来说,科学与哲学发展的特点就是越来越多地以自身为对象进行反思和研究,这对心理学产生了重要影响。元认知的核心思想是信息论、控制论、系统论,这些学科与方法也给心理学带来深刻影响。对元认知的研究能够较好地说明人类行为的自我调节过程,科学解释人类行为的目的性。从元认知的角度考虑,元认知水平制约着学生的思维水平和数学学习能力的发展。小学生的数学学习活动不仅是小学生对所学数学材料的感知辨别和加工理解的认知过程,同时也是小学生主动监控和调节自身认知过程的元认知过程。教师在教学中只有既重视培训小学生的数学认知能力,又重视培训小学生在认知过程中监控和调节自身思维过程的元认知能力,并把两者有机地结合起来,才能真正使学生会学数学,使学生的数学学习能力得到提高。

从教学理论的角度来说,数学概念是人类对现实世界中空间和数量关系的反映,是创建数学法则、定理的物质基础,概念教学是数学教学的重要组成内容。有些教师应用"反复练习、顺应考试""照本宣科、模仿训练""课堂满堂灌"的教学模式开展教学活动,这样不仅会导致学生难以充分了解知识内容,难以形成知识迁移能力和应用能力,而且会对教学产生严重影响。知识的结构化主要是牢牢把握每一部分知识的中心内容,将相关知识点有机地衔接起来,并通过结构化训练将它们串联起来。学生在课堂活动中获取的知识相对分散,通过研究元认知能力培养,可以更新教师的教学理论,也可以促使教师培养学生学会知识结构化反省,同时可以使学生的知识结构得到不断的优化,科学引导学生分析知识点的内在联系,重新编码知识点,使知识系统化,帮助学生深入了解知识点的内容和知识点之间的内在联系,这对形成学生知识迁移能力具有重要意义。

二、元认知研究的实践意义

(一)数学元认知能力的开发能够促使教师教学方式的转变

随着我国教育改革的不断深化,越来越多的教师认识到教学必须重视和突出学生在教学过程中的主体地位。新课改的教学观也明确要求,教学要由"以教育者为中心"转向"以学习者为中心",由"教会学生知识"转向"教会学生学习"。新课改的教师观要求,教师要从知识的传授者转变为学生学习的引导者和学生发展的促进者,从课程的忠实的执行者转变为课程的建设者和开发者,从传统的"教书匠"转变成为教育教学的研究者和反思的实践者。教师培养和开发小学生的数学元认知能力,需要真正做到终身学习,不断更新教学观念和知识结构,这有助于促进教师的自主发展和教育教学方式的转变,使教师角色从"教书匠"转变为学生学习的引导者和学生发展的促进者,转变为课程的建设者、开发者和反思者,更好地为学生在学习过程中探索发现问题做好准备。

(二)数学元认知能力的开发能够培养学生的良好学习习惯

著名教育家叶圣陶曾说："好的先生不是教书,不是教学生,乃是教学生学。"也就是我们常说的"授之以渔",而不是"授之以鱼"。叶圣陶认为,"教育就是培养习惯",主张"教师之为教,不在全盘授予,而在相机诱导",他主张的是让学生自主学习。而如果学生具备了元认知能力,就能够不断监控和反思自己的学习情况,不断提升自主学习的意识,逐步形成一定的学习能力。因此,教师重视对小学生数学元认知能力培养和开发,能够培养小学生对自己的学习情况进行反思、总结、概括的能力,使他们及时总结成功或失败的原因;能够主动猜想问题的答案;能够记住由失败到成功的转折、重要思维方法的使用;能够自觉地进行复习与预习并改进自己的学习方法,从而形成良好的学习习惯。

(三)数学元认知能力的开发能够提升学生的思维能力

注重培养学生的自学能力和探究能力,注重学生在课堂上的自主学习和合作探究。数学教学的目的之一就是培养学生的数学思维能力,学生间数学思维能力的差异是极为明显的,它体现在数学思维的品质上。这些数学思维品质的差异是如何造成的? 原因是什么? 现代心理学理论认为,人的思维结构包括五大部分:目标系统、材料系统、操作系统、产生系统和监控系统。其中,监控系统处于支配地位,对其他四个系统起定向、控制和协调的作用。这个监控系统即元认知。思维品质与元认知实质上是同一事物的两个方面,思维品质是思维整体结构和功能的外在表现形式,代表着思维的表层结构;元认知则是思维整体结构的内在组织形式,代表着思维的深层结构,可见元认知在思维活动中起着决定性的作用。数学思维活动总是受到元认知的监控和调节,它可以引导数学思维活动朝着正确的方向发展。因此,教师重视培养和开发学生的数学元认知能力,不但有助于培养学生思维能力的深刻性和批判性,同时也能培养学生求真创新的品质,这正体现了数学思维训练潜在的素质教育功能。

(四)数学元认知能力的开发能够提高数学教学的质量

学生的学习质量是影响教学质量的重要因素,决定学生学习质量有两个因素:非智力因素和智力因素。教师重视对小学生数学元认知能力的培养和开发,有助于提升学生的智力水平,对于提升学生数学学科的学习质量、教师数学教学质量效果尤其。大量心理学研究表明:"人的思维水平和智力水平的高低,由元认知发展水平的高低决定,元认知水平影响学生对数学学习任务的领悟,影响学生数学学习能力的发展,影响学生良好思维品质的形成。"①教学实践也证明,在数学学习中,学生元认知能力的强弱和运行水平会决定学生学习效率的高低、学习的成功与否②。在小学生已经具备一定数学基础知识的基础上,数学元认知能力是提高小学生的数学学习能力、实现学生学习方式转变的关键之一,也是学生不下题海却能举一反三的法宝,同时,必将是深化数学教育改革、大面积提高小学数学教学质量和教学水平的突破口。

第二节　元认知研究对教育改革的可持续影响

随着科学知识和技术的迅速发展,数学得到了越来越广泛的应用,特别是数学与计算机的紧密结合,使数学渗入社会的各个方面,数学方法和数学的思维方式影响着广大群众的日常生活。数学从幕后走到了台前,直接为社会创造价值,对数学教育提出了新的问题和时代要求。解决生活中的实际问题时,没有套用现成的解题模式,需要学生自己改组或者整合已有的陈述性知识或程序性知识,寻求新的模式和策略解决问题。学生必须投入高水平的认知加工活动,激活多方面的知识。这些问题往往都有一定的障碍性,这就要求学生发挥主体作用,排除障碍,激发解决问题的欲望,即通过元认知体验来调节积极性。这些问题也需要学生将材料系统放入知识背景,在操作系统的作用下激活认知结构,选择解题策略,不能顺利达成目标时,还要将策略改组。在进行这些操作时,实际上均受

① 钱振玉.小学中高年级培养学生数学元认知能力的研究[D].苏州大学,2011.
② 李志勇,陈梦璋.元认知能力培训与小学数学教学(上)[J].辽宁教育,1999(05):42-44.

到元认知的指示和指导。在解决实际问题的过程中丰富了学生的元认知体验,学生能储备更多的元认知策略,提升思维的灵活性和深刻性,促进数学元认知能力的提高。同时,数学元认知能力可以让学生找到问题的关键点和联结点,顺利解决生活中的实际问题。因此,在小学数学课堂教学中培养学生的应用意识和应用能力是必要且可行的。

一、数学教育的现状与趋势

著名数学家华罗庚曾经说过:"宇宙之大,粒子之微,火箭之速,化工之巧,地球之变,生物之谜,日用之繁,无处不用数学。"但是,根据中央教育科学研究所对参加美国教育测试中心组织的第二次国际教育成就评价课题 13 岁学生数学和科学教学水平的研究结果,"我国大陆 13 岁学生的数学答题正确率名列第一,但是他们的科学测试平均正确率仅为 67%,在 20 个总体中居第 15 位,成绩偏低"[①]。另有资料显示,浙江省曾在全省毕业班教育调查中出了这样一题:一种大米每 500 克 1.48 元,张大妈买 20 千克这种大米,要付多少钱? 被抽测的 1900 名毕业生,此题的答对率为 78%,低于全卷答对率(全卷答对率 85%)。错误的答案五花八门,有 0.059 2 元、0.000 592 元、1480 000 元、770.4 元、481.48 元、521.48 元、370 000 元等[②]。由以上两例不难看出,我们的学生缺乏把所学的知识应用到实际当中的意识和能力。

2022 年 4 月,中华人民共和国教育部制定的《义务教育数学课程标准》(以下简称《课程标准》)正式颁发。[③]《课程标准》明确指出,应用意识是数学核心素养的具体表现之一。其具体内涵解读为:应用意识主要指有意识地利用数学的概念、原理和方法解释现实世界中的现象和规律,解决现实世界中的问题,能感悟现实生活中蕴含着大量的数量和图形有关的问题,可以用数学的方法予以解决,初步了解数学作为一种通用的科学语言在其学科中的应用,通过跨学科主题学习,建立不同学科之间的联系。应用意识有助于用学过的知识和方法解决简单的实际问题,养成理论联系实际的习惯,发展实践能力。《课程标准》在总体目标中要求学生能够体会数学知识之间、数学与其他学科之间、数学与生活之

① 中央教育科学研究所第二次国际教育成就评价课题组. 国际初中学生数学和科学教育的现状和分析——第二次国际教育成就评价课题测试结果简介[J]. 课程. 教材. 教法,1993(12):51-54.

② 斯苗儿. 对小学数学课堂教学评价的几点思考[J]. 小学数学教育,2000,(04).

③ 中华人民共和国教育部制订. 义务教育数学课程标准[M]. 北京:北京师范大学出版社,2022. 04.

间的联系,在探索真实情境中所蕴含的关系中,发现问题和提出问题,运用数学和其他学科的知识与方法分析问题和解决问题。①

值得注意的是,在许多发达国家的教育课程标准中,数学应用教育同样被置于非常重要的位置,如瑞典的义务教育课程包括六个部分,其中"解决日常生活中遇到的数学问题"被列为第一项②;英国国家统一课程标准把小学数学课程分列为五大领域,"使用和应用数学"是其中的第一方面③;美国的课程标准也把"学习和应用数学"作为贯穿课程标准的一个始终不变的主线④。

二、在小学数学课堂教学中培养应用意识和应用能力是可行的

(一)何谓数学应用意识和应用能力

数学应用意识是个体主动从数学的角度观察事物、阐述观点和分析问题,运用数学的知识、语言、思想方法来理解、表达和解决各种问题的积极心理倾向,它是个体精神层面的意向活动。因此,数学应用意识在本质上是一种认识活动,属于心理学中意识的范畴。简单地说,当个体能应用数学的知识、思想和方法去解决问题,并伴随有相应的积极行为时,也就具有了较好的数学应用意识。⑤

数学应用意识是个体对数学应用的认识以及由此引发的情感和动机,它是个体进行相关数学应用活动的内在制约力量。数学应用意识通常表现在三个方面:数学应用认识、数学应用体验和数学应用动机,三者相辅相成、相互联系。培养学生的数学应用意识,应该注重使学生逐步形成一种"由数学看现实,由现实想数学"的意识和习惯。

数学应用能力主要表现为从实际问题出发提出并表达数学问题的能力,运用初步建构数学模型的能力,变换化归数学问题及模型的能力,检验和评价数学结果的能力。

学生应用能力的训练与元认知能力的培养相辅相成,通过加强对学生数学应用能力的训练,学生的元认知水平得以不断提高;反之,学生数学元认知能力的提升必将带动其学科思维、自主学习能力、学习效果的质的飞跃。总体而言,

① 中华人民共和国教育部制订. 义务教育数学课程标准［M］. 北京:北京师范大学出版社, 2022. 04.

② 樊恺,王兴宇等编. 中学数学教学导论［M］. 武汉:华中理工大学出版社, 1999.07.

③ 中国教育学会中学数学教学专业委员会编. 面向 21 世纪的数学教育［M］. 杭州:浙江教育出版社, 1997.05.

④ 胡典顺. 国际数学教育比较研究［M］. 武汉:华中师范大学出版社, 2016.08.

⑤ 郁军,张佩玲. 小学数学核心概念教学研究［M］. 北京:教育科学出版社, 2017.07.

提高学生的数学应用能力能够促进数学元认知能力的提高,必将对学生的数学学习产生良性的、可持续的影响。

(二)在小学课堂教学中培养数学应用意识和能力的理论基础

1.已有的数学教育理论研究成果为培养小学生的数学应用意识和能力提供了可资参照的理论依据。如荷兰数学教育家弗赖登塔尔早就举起了现实数学的大旗,其数学教育思想的基本出发点为:数学来源于现实,扎根于现实,而且必须应用于现实。这一思想为我们必须重视数学应用树立了一面旗帜。

2.建构主义认识论指出:在现实世界中,我们能够通过自己的感觉和经验来构造我们的学习,这不仅是人类适应经验世界的过程,也是知识增长的过程。这告诉我们,只有从学生的生活经验和已有知识出发,在数学教学活动中引导学生感知数学的意义并合理应用数学知识,学生才能真正学会学习和运用数学知识。

3.素质教育强调培养学生的核心素养,需要我们通过掌握知识培养学生全面的能力和心理品质,打破以往仅仅把掌握学科基础知识和基本技能作为教学目标的做法。素质教育还强调加强对学生实践创新等各种素养的培养,使学生学会应用所学到的知识解决实际问题。培养和发展小学生的数学应用意识和能力,提升数学元认知能力,提高数学学习的质量和水平,并形成正确的认识。

三、在课堂教学中培养学生数学应用意识和应用能力的策略

(一)联系实际,使学生感受数学和生活的联系,培养应用意识

1.从学生熟悉的生活背景引入

对于每个学生来说,实际上有三个世界:学校的课本世界、过去的经验世界以及生活的现实世界。以往教学的弊端就在于学生从教材中学到的特定知识内容既脱离他过去的经验世界,又脱离他生活的现实世界。心理学研究表明,学生的学习内容越贴近他们熟悉的生活背景,学生对知识的自觉接纳程度就越高。从学生熟悉的生活背景导入,让学生感受数学无处不在,是培养数学应用意识的条件之一。例如,在学习加减法的一些简便算法(其中一个数接近整百)时,从学生熟悉的生活购物引入。小红拿185元钱去购物,用98元买了一件衣服,问:小红该怎样付款?她还剩多少钱?因为学生们有过类似的经历,大都会说小红先付100元,营业员找回2元,她还剩85+2元,然后再将上述生活问题进行数字化,即185-100+2。由此,学生对这类问题的简便算法就掌握得相当牢固了。

2.淡化抽象算理的复述,强化直接生活经验,领悟数学来自生活

在我们的教学中,过分强调学生要用规范的数学语言复述思考过程,进行所

谓的"算理"式分析,而忽视学生已有的生活基础,会使学生陷入"死胡同",使学生感到数学枯燥无味、深不可测。例如,解决这样的实际问题:有 12 只白兔,7只黑兔,问白兔比黑兔多几只? 教学时,有的教师会反复强调学生说出算式中的12、7、5 的含义,并且通过教师示范让学生这样表述:12 表示 12 只白兔,7 表示与黑兔同样多的白兔 7 只;白兔由两部分组成,一部分是和黑兔同样多的 7 只,另一部分是比黑兔多的 5 只……生硬地用这套严密抽象的语言分析题意并理解题目,留下的是无效的空洞文字复述,失去了解决问题的能力,这样教下去学生只会越来越糊涂。在现实生活中,小学生对这个问题最直接的理解是:白兔多,黑兔少,从 12 只里去掉 7 只,就是白兔比黑兔多 5 只。这样表述,不仅顺应学生思路,还符合他们的经验基础,学生容易接纳,他们也能感受到数学与生活的联系以及学习数学的乐趣。

3. 创造性地使用教材,挖掘教材中的生活资源

数学教科书是数学课堂教学的依据,也是小学生学习数学的主要材料。然而,在教学时我们应该创造性地使用教材,而不是照本宣科。这是因为:第一,数学知识具有思维和智力价值,但数学知识一经证实,尤其是作为教学内容写在教科书里,它就以一种定型化、规范化的形式固定下来了,而省略了隐含在其中丰富的思维过程;第二,教材更新不及时,经常出现题目老化、数据过时、与学生生活实际脱节等问题。例如,与当今快速发展的信息技术相比,以加工零件、修路等为内容的题目显然不能适应新的形势。因此教师应具有独特的洞察力,善于"改造"教材,在大千世界寻觅和所学内容相匹配的精彩镜头,从中选取包含特定数学信息的生活背景,为学生创设一个可操作、可探索的数学情境,引导他们探索知识的生成过程,再现数学知识的生活底蕴。如在教学连减问题时,可以让学生模拟购物,让"小售货员"讲一讲自己怎样算账、找钱,体会两种方法之间的差异;教学三步计算的解决问题时,让学生自己填写购物发票……只要善于发掘,我们就可以从简单的知识中提炼出生活数学,也可以从生活中提炼出数学,培养学生的应用意识和应用能力。

(二)探究式的学习方式是培养应用能力的基础

新课程倡导探究式的学习方式,强调为学生创设探索学习的情境,强化学生的问题意识,培养学生的应用能力,注重学生的实际,同时要求教师为学生提供更多的实践活动与交流讨论的机会,让学生在实践活动中实现自我发展,不断完善自身的知识储备,提高自身的综合素养。在小学数学教学中培养学生的应用

能力，需要以学生为学习主体，让学生在活动中学数学，为学生提供自主探索的机会，引导学生在观察、猜测、分析和合作中发现数学问题，理解数学问题，提出自己的解决方案，并学会灵活运用数学知识解决实际问题，在自主探索式学习中提高数学应用能力。例如学习平面图形的周长和面积后，让学生尝试设计一个养鸡场，要求用料最节省，面积最大。学生带着这个问题联想学过的数学知识，通过思考、讨论、计算，他们发现如果能靠着一面墙围成一个半圆最符合要求。在这样一个学以致用的过程中，学生能牢固地记住数学知识，增强了应用意识，提高了应用能力。

（三）以生活为起点，打破学科界限，培养应用意识

淡化学科界限是当今教育的一大特点，单一的知识结构已远远不能适应时代的要求，因此我们认为在数学教学中可以打破学科界限，通过学生对生活的感受，融美学、文学、生活常识和思想教育于数学，通过跨学科主题学习，使数学学科"海纳百川"，高度体现学科的交叉与综合，诱发学生应用意识产生。例如，设计"数说桥梁"的跨学科主题活动，组织学生课前搜集自己喜欢的桥梁资料，了解它的特性、修建过程和其中蕴含的知识。课堂上带领学生交流自己喜欢的桥梁中蕴含的数学、力学、美学知识。再如设计"古诗词中的数学"专题活动，通过交流，学生感受到"大漠孤烟直，长河落日圆"的景色之美、韵律之美，也体会到垂线、切线的数学知识；"横看成岭侧成峰，远近高低各不同"则是从全局出发思考问题的数学思想方法渗透，是应用意识也是元认知的培养，以生活为起点，打破学科界限，在跨学科的主题活动中，学生不但加深了对数学的理解，感受到世界的丰富多彩，更体会到数学和生活及其他学科的联系，增强应用意识和对数学的兴趣，逐步学会用数学的眼光观察世界。

（四）数学建模是培养学生应用能力的重要途径

数学建模是找出具体问题的数学模型，求出模型的解并验证模型解的全过程。所谓数学模型，就是用精练的形式化语言从数量和结构两个角度描述某个特定问题的本质或基本特征，它往往是一组数学关系式，一幅线段图或者实物图、示意图，或是一套具体的算法。例如在讲"植树问题"时，先让学生伸开五指，数一数手指之间有几个空，这就是生活原型，接下来找出数学模型：手指数—1＝间隔数，最后利用此模型解决一些实际问题。

下面结合一个实际问题的解决，谈一谈如何培养学生的数学建模能力，具体教学过程如下：

第一,为学生创设一个问题情境:路边停着摩托车和三轮车共 5 辆,轮子共计 12 个。问有几辆摩托车? 有几辆三轮车?

第二,想一想,画一画(构建数学模型)让同学们用长方形表示车身,圆形表示车轮。画 2 个轮子就表示摩托车,画 3 个轮子就表示三轮车。同学们有的先画 5 个长方形,然后在长方形的下面添上 2 个轮子,这时还有 2 个轮子没有画上,就再给添上 2 个轮子,得出有 3 辆摩托车,2 辆三轮车。还有的同学先画出 5 个长方形,在长方形的下面都添了 3 个轮子,成了 15 个轮子,多了 3 个轮子,要去掉 3 个,得出有摩托车 3 辆,三轮车 2 辆。

第三,抽象概括。引导学生总结方法,把学生的具体形象思维引导到抽象思维,提升抽象概括能力。即解这样的问题,可以把全体都看作摩托车或者三轮车,再根据轮子个数进行调整。

第四,用语言描述思考和解决问题的过程,既能提升语言表达能力,又能梳理思考过程,提升数学元认知能力。

第五,寻找解决此问题的其他方法,沟通这些方法之间的联系和区别。

数学建模不但能把实际问题变成数学问题,还能化繁为简、化难为易,使学生可以用数学方法来处理许多实际问题,增强了应用能力,培养了创新精神。在学习了分数的意义后,学会数学建模的学生便能自己画图解决分数的实际问题。下面这两幅图就是五年级的学生(还未学习分数的解决问题)利用分数的意义画图解决分数实际问题。

(1)甲乙两个仓库共有粮食 250 吨,甲仓库存粮是乙仓库的 $\frac{2}{3}$,甲乙各存粮多少吨?

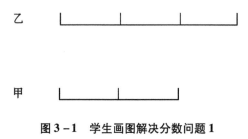

图 3-1　学生画图解决分数问题 1

常规解决分数问题的方法:$250 \div (1 + \frac{2}{3})$(乙)

看图解决方法:$250 \div 5 \times 3$(乙)

(2)张师傅生产一批零件,6 天生产了 $\frac{3}{10}$,照这样的速度,还要多长时间完成全部任务?

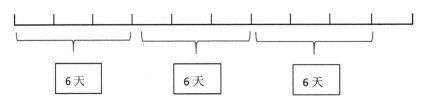

图3-2 学生画图解决分数问题2

常规解决分数问题的方法: $1 \div (\frac{3}{10} \div 6)$

看图解决方法: $6 \times 3 + 6 \div 3$

(五)渗透数学思想方法,是培养学生应用能力的精髓所在

小学数学主要学习简单的数量关系和几何图形。这门课程编排了较为直观和简单的数学知识,但在这些数学知识中,蕴涵着许多与高等数学、实际问题相通的思想方法。所谓数学思想,不仅是对数学的知识内容和使用方法的本质认识,还是对数学规律的理性认识。数学方法则是解决数学问题的方法,即解决具体数学问题的方式、途径和手段。古人云"授之以鱼,仅供一饭之需",只有对学生"授之以渔",才能使其"终身受用无穷",才能让学生真正掌握知识,学会应用知识。因此,在课堂教学中教师应注重渗透数学思想和方法,这是培养学生应用能力的精髓所在。在小学阶段渗透数学思想方法,主要是指教师通过潜移默化的作用,让小学生逐步领悟分析和解决数学问题的思想方法。这就要求教师做到:

1. 课前精心备课,挖掘教材中能够渗透数学思想方法的因素

数学思想方法的教学和训练目标隐含在数学知识与技能的教学和训练目标之中。教师只有具备与数学思想方法相关的知识,了解它们是如何渗透到教材中的,才能明确教材的编写目的,理解和把握教材的整体和本质,从而有目的、有计划、有步骤地渗透。例如在认识"0"时,通过三个集合圈里分别有两个茶杯、一个茶杯和没有茶杯的教学,来说明 0 是表示"没有"的含义,从而渗透了空集的思想;再如学习循环小数时,让学生感受"商"的小数点后面的数字不能完全写出,从而体会循环小数的小数部分有无限多位数,这里渗透了极限思想。数学思想方法有很多,作为教师,应站在一定的高度把握教材,让学生学到解决问题

的方法和策略,进一步提高解决实际问题的能力。

2.课中把握时机,训练到位

在应用题教学中,用线段图来分析数量关系,实质上是对数形结合思想和分析法、综合法的集中训练;而用线段图分析分数、百分数应用题的数量关系又体现了对量率对应思想的训练。此外,归纳法、演绎法和集合思想更是概念教学必不可少的理论基础。这些目标,在教学数学知识和技能时必须把握时机,并进行适当的训练。例如,在教学"求自然数1—100的数中不能被3整除的所有数的和"一题时,引导学生分析:该题若直接求满足条件的数的和,计算会比较复杂。而运用化归的方法,把问题转化为"求自然数1—100的数的和以及1—100的数中能被3整除的数的和",问题就容易解决了:$1+2+3+4+\cdots\cdots+100=5\,050$,$3+6+9+\cdots\cdots+99=1\,683$,$5050-1683=3\,367$。

3.课后精选作业,给学生运用数学思想方法的空间

给学生布置一些解决实际问题的作业,让他们在解决问题的过程中能够自如地运用数学思想方法,不但对已学过的知识和数学思想方法起到巩固和加深的作用,而且这个过程也是通过运用加深认识、提高能力的过程。如在学习长方体、正方体的表面积计算后,让学生回家把两个相同的长方体物体进行包装,试一试有几种不同的方法,哪种方法更节省材料,从中可以从运筹学、最优化等方面提高学生应用数学知识解决实际问题能力。

(六)上好综合实践活动课,为学生解决问题积累经验

随着社会的发展,数学综合实践活动课应运而生。数学教材中设计了综合实践活动,具有综合性、操作性、思考性、趣味性,它不但将数学与生活联系起来,而且有助于生成数学知识的内在有机联系,让学生自己动脑、动手解决实际问题,使他们了解数学实际问题的背景和情境,理解相关名词和概念,帮助学生正确理解问题的含义,建立数学模型,这样就为培养学生的主动探究精神和实践能力创造了一个多样平台。教学时,努力做到以下两点。

1.综合实践课的活动形式要多样

根据调查,学生对参与综合实践课的兴趣高涨,因而开展的形式亦可以多样化,如小游戏、小设计、小制作、小调查、小研究等,有利于学生进行观察、操作、推理与交流。小调查、小研究等往往花费较长的时间,可以采取课内外相结合的形式,以学生的"长作业"形式进行开展,可延续几天、几周甚至几个月。但无论是哪种形式的活动,都应该突出数学实践活动的实用性。如学习了长度单位"米"

和"厘米"后,教材设计了"寻找身体上的数学秘密"活动。可以先布置学生回家和家长一起测量自己的头长、一步长、一拃长、身高、双臂平伸的长度等,然后让学生记住自己身上的尺子,利用这些尺子,测量教室的长度和宽度、走廊的长度、黑板的长度等。孩子们在活动的过程中,不但加深了对长度的感知,培养了量感,更学会了灵活解决数学问题。

2."数学思考"是综合实践活动课的灵魂

通过有效数学思考,形成解决问题的能力是我们学习数学的目的之一,所以在上小学数学综合实践活动课时,仍需把握这一关键。数学综合实践活动课与我们日常的数学课相比,给学生留有的思维空间更大,学生的自主性更强。这就需要教师在进行教学设计时,把数学思考的位置预留出来,让数学活动与数学思考有效地结合起来,在这两者之间的结合点上进行巧妙设计,使数学实践活动课能够对所学的数学知识进行合理的整理与应用,真正提升学生的数学能力。

四、培养学生数学应用意识和应用能力的深入思考

(一)培养应用意识和能力的同时不能忽视基础知识

离开了坚实的基础,应用意识和能力的培养便成了"无源之水,无本之木"。如果连起码的概念、公式、方法都没有掌握,该如何去解决实际问题? 因此,我们强调对学生数学应用意识和能力的培养,并不等于忽视基础知识教学。

(二)要培养具有应用意识和应用能力的学生关键在教师

如果教师只从应试的角度让学生记忆背诵、做大量习题,那就只能培养出应试的机器。只有具备新的教育观念、数学应用意识和能力的教师才能高瞻远瞩,开发自身潜能,在课堂教学中培养学生的应用意识和能力。因此提高教师素质,转变教师观念是当务之急。

(三)评价制度改革才能保证应用意识和能力的培养顺利实施

目前在小学阶段,仍然是考"做题"。一张试卷定"水平",重知识、轻能力,对于一些思维活跃的学生,其水平不能得到如实反映,应用能力的水平更是难以体现。许多教师也都是"考啥讲啥,不考不讲"。长此以往,培养学生应用意识和应用能力将会"门庭冷落"。我们期待着评价制度的改革,保证应用意识和能力的培养顺利实施。

对小学生数学应用意识和应用能力的培养,依然任重而道远,需要我们每一位小学数学教师不断为之努力。只有在课堂教学中坚持不懈地培养小学生的数学应用意识和能力,才能培养出具有较高的数学元认知水平、活跃的数学思维能力和创造精神的新型人才。

附:一年级学生画——"生活中的数学"

图3-3 一年级学生画生活中的数学1

图3-4 一年级学生画生活中的数学2

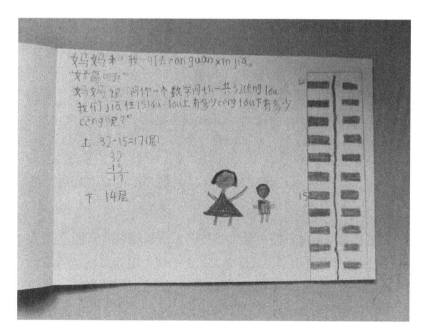

图3-5 一年级学生画生活中的数学3

第四章　小学生数学元认知能力的现状及培养实践

自2001年起，笔者始终对数学元认知始终保持着关注，不断学习和研究数学元认知，并积极采用问卷调查的方式，实际了解了小学生数学元认知能力的现状。根据调查问卷的数据结果，重点关注了小学生数学元认知能力的培养、探索培养小学生数学元认知的教学策略、优化培养小学生数学元认知能力的教学环节，在自主探究学习的设计、规范学习与习惯养成等方面取得了丰硕的实践成果，为有效培养和提高小学生的数学元认知能力提供了一些方法论。

第一节　小学生数学元认知能力的现状与分析

为了比较真实可信地掌握小学生的数学元认知能力的现状，笔者设计了一份问卷调查，主要是调查小学生数学学习目标自我设定能力、小学生数学学习过程的自我修正能力以及小学生数学学习过程的自我评价能力这三项。

通过分析问卷的数据统计结果，我们发现，在小学数学学习过程中，有超过四成的小学生缺乏明确的目标意识，这些学生大多清楚自己在数学学习中的问题和薄弱点，但是不知道如何对自己的学习进行调整来改善现状。这样的现象说明当下小学生的数学元认知能力急需培养和提高，数学教师不能只重视培养小学生的数学"认知"能力而忽略了培养和发展小学生的数学"元认知"能力。

以下是对问卷结果反映的小学生数学元认知能力的现状与相应的策略的分析：

一、数学学习目标自我设定能力

学习目标自我设定能力旨在监测学习者是否能够设定个人的学习目标,确定实现学习目标的计划,以及能否制定切实可行的学习策略和学习步骤。

从表4-1可以看出,在制定学习目标这一问题上,大约有23.2%的学生选择了完全一致,33.9%的学生选择了基本一致,25%的学生选择了不确定,还有17.8%的学生选择基本不一致和完全不一致,说明在小学数学学习过程中,有四成多的小学生缺乏明确的目标意识。

考试前复习这一问题,约有28.6%的学生选择完全一致,48.2%的学生选择基本一致;按照计划预习这一问题,约有17.9%的学生选择完全一致,44.6%的学生选择基本一致;按时完成数学作业则有66.1%的学生选择完全一致,28.6%的学生选择基本一致;因看电视或和同学玩挤掉数学学习时间这一问题中,仅有19.7%的学生选择完全一致和基本一致。这一维度明显好于目标意识的问题,说明小学生虽然没明确学习和奋斗的目标,但是源于外界的一些因素,多数还是懂得付出努力来学习的。

表4-1　数学学习目标自我设定能力

题　项	选项及百分比									
	完全一致	百分比	基本一致	百分比	不确定	百分比	基本不一致	百分比	完全不一致	百分比
1. 我制定了学习目标	13	23.2%	19	33.9%	14	25%	5	8.9%	5	8.9%
2. 我经常在考试前复习数学知识	16	28.6%	27	48.2%	10	17.9%	2	3.6%	11.8%	
3. 我总是按照学习的计划预习数学	10	17.9	25	44.6%	14	25%	4	7.1%	3	5.4%
4. 我按时完成数学作业	37	66.1%	16	28.6%	2	3.6%	1	1.8%	0	0%

题 项	选项及百分比									
	完全一致	百分比	基本一致	百分比	不确定	百分比	基本不一致	百分比	完全不一致	百分比
5.我经常因看电视或和同学玩挤掉数学学习时间	1	1.8%	10	17.9%	6	10.7%	12	21.4%	27	48.2%

二、数学学习过程的自我修正能力

自我修正能力主要表现为学习者自己能够发现学习过程中的不足和错误,或者当学习者的学习成绩表现不佳时,能够找出更好的学习方式来改善学习状态。

表4-2中的题项涵盖三方面的问题:一是与教师教学过程中兴趣的激发、鼓舞、提示等相关程度较高的问题,如"数学课上集中注意力,清楚哪些是重点内容要注意听讲"两个问题,此类问题所得到的数据情况是:两个问题均有75%的学生选择完全一致和基本一致。二是"考试后找到错因认真记录并改正""做完题经常检查"两个问题,分别有67.8%和73.2%的学生选择完全一致和基本一致,说明如果教师能够坚持培养,学生在这两个方面会形成习惯,提高自我修正能力。

第三类问题是"遇到难题鼓励自己不放弃"和"课上没听懂的课下去弄明白",这类问题对学生自我修正意识要求更高,需要学生树立明确的目标意识,清楚自己的学习过程和思维程度,它对学生元认知的要求更多一些。对于此类问题,学生回答不确定、基本不一致和完全不一致的比例明显增多。这说明学生的数学元认知能力有待培养和提高,教师需要更加重视小学生的数学"元认知"能力。

表4－2　数学学习过程的自我修正能力

题　项	选项及百分比									
	完全一致	百分比	基本一致	百分比	不确定	百分比	基本不一致	百分比	完全不一致	百分比
1. 数学课上集中注意力	16	28.6%	26	46.4%	11	19.6%	3	5.4%	0	0%
2. 清楚哪些是重要内容要注意听讲	24	42.9%	18	32.1%	11	19.6%	2	3.6%	1	1.8%
3. 遇到难题鼓励自己不放弃	14	25%	17	30.4%	11	19.6%	8	14.3%	6	10.7%
4. 课上没听懂的课下去弄明白	14	25%	20	35.7%	10	17.9%	7	12.5%	5	8.9%
5. 考试后找到错因认真记录并改正	17	30.3%	21	37.5%	11	19.6%	4	7.1%	3	5.4%
6. 做完题经常检查	12	21.4%	29	51.8%	7	12.5%	4	7.1%	4	7.1%

三、数学学习过程的自我评价能力

自我评价能力主要体现在数学学习者能够了解自己的学习状态,以及学习目标的实现情况,并且能够反思和评价自己的学习过程。

从表4－3中可以看到,学生多数清楚自己在数学学习中的问题和薄弱点,但不知怎样改进数学学习方法、总结解题技巧、调整学习状态。这也说明,学生的数学元认知能力需要我们着力培养,教师要使学生学会关注自己的学习过程、掌握提高数学元认知能力的方法。

表4－3 数学学习过程的自我评价能力

题 项	选项及百分比									
	完全一致	百分比	基本一致	百分比	不确定	百分比	基本不一致	百分比	完全不一致	百分比
1. 我经常考虑自己的数学学习方法怎样改善	12	21.4%	18	32.1%	16	28.6%	58.9%	5	8.9%	
2. 我经常总结解题方法	10	17.9%	20	35.7%	14	25%	6	10.7%	6	10.7%
3. 我能找到学习的薄弱点	19	33.9%	20	35.7%	8	14.3%	4	7.1%	15	26.8%
4. 清楚自己在数学学习中存在的问题	23	41.1%	22	39.3%	7	12.5%	1	1.8%	3	5.4%
5. 注意调整自己的数学学习状态	15	26.8%	19	33.9%	8	14.3%	11	19.6%	3	5.4%

我们对小学生数学学习目标的自我设定能力、数学学习过程的自我修正能力和数学学习过程的自我评价能力进行了问卷调查和数据统计。从问卷调查的结果中可以发现，有四成多的小学生缺乏明确的目标意识，多数小学生有较好的自我修正能力，但依然有调整和进步的空间。多数小学生清楚自己在数学学习中的问题和薄弱点，但不知怎样改进。想要调整这些数学学习状态和学习策略，都需要培养和提升小学生的数学元认知能力，需要教师参与并给予小学生积极有效的指导。新课程改革要求教师应该成为学生学习的引导者和学生发展的促进者。因此，在发现学生数学学习的问题和不足之后，教师应当给予学生更多的关注和指导，并及时相应调整自己的教学方式和教学策略，帮助学生尽快解决问题，提高学生数学学习效果的质量和水平，让学生快乐地学习数学，让学生全面健康地成长。

第二节　在自主探究中培养数学元认知能力

自主探究学习是当今新课程改革理念提倡的一种学习方式。新课程改革明确要求,教学要由"以教育者为中心"转向"以学习者为中心",由"教会学生知识"转向"教会学生学习",由"关注学科"转向"关注人"。教师则需要保证学生在教学过程中的主体地位,要让学生在教师的及时帮助和引导下,充分发挥自己学习和探究的主观能动性,真正成为课堂和学习的主人。

学生的自主学习能力培养和提升与其元认知能力的发展密切相关。倡导学生自主探究学习,培养的是学生"学会学习"的核心素养,即探究如何去探究、思考等能力,而这些都是元认知策略与监控的核心内容。在教师的帮助和引导下进行自主探究学习,可以让学生在充分发挥自身学习的积极性和学习的主动性的同时,获得元认知体验,培养和提升自己的数学元认知能力。

教师对小学生数学元认知能力的培养,必须将提高学生对数学学习的自主性和主动性作为重心,才能驱使学生积极、主动、自觉、正确地监测和认知自身数学学习的过程,从而及时解决在数学学习过程中产生的问题,为进一步的数学学习打好坚实的基础,更好地促进数学学习质量的提高和学生的全面健康发展。

让学生掌握教材中的基础知识已经远非教育的唯一目标,从发展的角度来看,没有什么教学目标比让学生成为独立、自主、高效的学习者更重要。独立,意味着学生在离开教师,甚至在离开学校之后还能够继续有效地学习;自主,意味着让学生成为学习的主人,让学生去主宰和支配学习,变"要我学"为"我要学";高效,则意味着能够掌握有效的学习策略和思维策略,提高学习效率,从而达到既减轻学习负担,又提高学习质量的效果。在这种理念的指导下,教师教学是为了培养会学习且善于学习的人,教师的"教"要适合学生的"学",教师应该给学生必要的指导和帮助,而不是替代。教师应该还每个学生以自主学习的权利,为学生提供自主探究的空间和时间,让学生亲历整个学习过程,使他们主动积极地动手、动口、动眼、动耳、动脑,创造性地进行学习,让课堂真正成为学生唱主角的"舞台"。

一、如何引导学生自主探究

（一）在创设情境中探究

好的情境能够激发学生探究的欲望。知识是来源于现实生活的,小学生的逻辑思维能力水平还比较低，需要有趣的活动激发其学习兴趣。因此，在数学教学的过程中，教师需要创设生动有趣的情境，并开展相关的游戏活动、实践活动等，这对小学生体验数学知识有很大的帮助。在课堂教学中创设情境，一要创设问题情境，使学生处于"愤、悱"状态，引导学生发现、获得并灵活运用规律性知识；善于提出有深度、生动、足以引起学生联想的问题和事例，使学生或抽象概括，或分析综合，或归纳演绎，或联系比较，或判断推理；善于变通思路，引导学生多角度思考；善于提出符合学生认知水平的启发性问题，巧妙地把学生引入问题情境，激发学生的学习动机，调动学生的积极思维和求知主动性。教师的教学应始终走在学生发展的前面，导引着思维活动，围绕激起、促进学生思维发展这一核心，设计组织教学过程，以"发展学生的创造活力"作为不懈追求的境界，这将有利于学生元认知能力的培养。二要强调将"思"作为核心，在创造乐趣中协调大脑两半球的作用，通过形真、情切、意远、理蕴的特点，将学生的认知与情感活动巧妙地结合起来，解决长期以来过多注重认知而忽视情感导致的逻辑思维与形象思维不能协调发展的问题，从而使学生的思维品质得到有效提高。

（二）在活动中探究

数学学习要让学生在活动中探究，教师要为学生创设活动的时间和空间。对于活动，我们要有一个全面的、完整的理解。活动既包括外部的物质活动，又包括内部的思维活动。在活动过程中，这两种活动方式相互作用，使人的认识不断深化和提高。所谓外部活动，主要指实物性的操作活动，感性的实践活动，如观察、操作、练习、社会实践等。学生外部活动的主要目的不是改造外部世界，而是促进内部认知结构的形成，它的方向是向内的。内部活动是学生的心理大脑活动，如分析、综合、归纳、推理等。外部活动必须与内部活动结合起来，才是真正有质量的自主探究。

1. 通过活动建立深刻的表象

事物经过主体感知后，都会在头脑中留下相关的形象，称之为表象。表象是形象思维的细胞，它的身上有直观形象性和抽象概括的特点。说它具有直观形象性，是因为大脑中那些经过的事物、事件的形成过程，往往像在眼前一样清晰逼真鲜明，而说它具有抽象概括性，那又是因为表象综合了多次感知的结果，留下的是事物一般的整体的特点，已经具有了形象概括。可以说表象是从具体感知到抽象概括的桥梁。所以教学中一定要注意让学生充分体验、亲自操作诸如画一画、说一说、摆一摆等活动，不能走过场、包办代替，急于概括，要真正通过多种感官的参与让学生在头脑中建立起清晰正确的表象,才能引发观察思考等进一步的智力活动。

2. 感知了具体事物或模型后,要强化表象

吴正宪老师在执教《平移和旋转》这节课时,当学生初步感受到什么是平移和旋转后她就请学生先闭上眼睛想一想什么是平移运动,什么是旋转运动,然后让他们站起身来用自己的动作表现出来,在活动中进一步体会平移和旋转两种运动方式的特点。还要引导学生有条理地将形成的表象状态用语言描述出来,也是在语言外化的过程中深化对表象的认识。

3. 运用表象进行想象

要引导学生以表象为基础进行现象,以发展形象思维。如教学三角形平行四边形梯形后,可以引导学生想象,当梯形的一条底逐渐缩短,直到 0 时,梯形会变成什么形状? 当梯形的一条底逐渐延长,直到与另一条底相等时,又是什么形状? 通过想象,进一步加深了对这些图形的认识。给出长方体的长宽高,想象并描述这个长方体的样子,然后给出实物图进行对照。这样的练习不但强化了概念的内涵,同时培养了学生的空间观念和想象力,为学生思维的发展奠定了坚实的基础。

(三)在思考中探究

1. 教师要设置有思维含量的大问题,让学生带着问题思考与探究

问题设计在一定意义上影响着教师的教学方式。如果问题非常细小且非常简单,学生往往不需要多少思考就能说出答案,这样的问题缺乏挑战性,必然导致封闭式的教学方式,学生缺乏学习兴趣,自主学习能力和思维能力都不能得到培养。如果问题适当放大,有一定的思维含量,其中有学生学习的重点和难点,关注学生的思维过程,那么学生就会因问题具有挑战性而兴奋,他们的思维也会因此表现出积极化的状态。所以,大问题的设计才能为学生积极主动地参与教学提供了可能。进行大问题设计时,第一要注意有层次的提问。课堂提问的类型可以分为以下四种:一是判断性问题(yes no),二是事实性问题(what),三是程序性问题(how),四是评价性问题(why)。判断性问题学生只需要回答是或者不是,事实性问题解决是什么的问题,程序性问题则回答怎样得到的,怎样解决的问题,评价性问题解决为什么要这样做的问题。如果一节课仅仅是第一种和第二种问题,那么教师肯定没有对教学内容对象进行深层次的分析。只有根据教学内容设计不同层次的问题,学生的探究才能深入,对知识的把握才能深刻,学生的探究才有质量,元认知能力也能得到培养。第二是注意有结构的提问。教学中提出的问题如果仅仅局限于孤立知识点或单一知识层面,这样的问题不仅不能很好地挖掘学生的潜力形成学生的智慧,而且还会撕裂学生对知识整体的认识,使得知识网络形成产生障碍。因此,教师要有结构意识,充分沟通各知识领域的相互关系,通过引导学生对问题的思考,学生能把零散的知识点连接为知识链或知识块,这样不仅利于学生形成完整知识结构,灵活记忆思考,而且有利于学生形成结构化的思维方式。例如,加法结合律学习后,纵向角度可以问:三个、四个、五个、N 个加数之间是否也存在? 横向角度可以问:加法中有交换律、结合律,乘法是加法的简便运算,是否也存在呢? 除法和减法又有怎样的规律呢? 再如执教"三位数乘两位数"后提问,教师翻阅了四年级下册后面的教材,没有再出现我们所预料的三位数乘三位数或四位数乘两位数,这是为什么呢? 学生说,因为方法都是一样的。这一样的方法是什么呢? 那就是先分后合。这既是知识间的联系,也是这些计算知识中的核心思想。

2.教师要做合格的指导者

引导学生自主探究学习,对教师的要求更高了。因为在自主学习的课堂上,学生的生成精彩纷呈,教师必须要抓住生成,及时引导。教师不是无事可做,而是要在重点难点处"该出手时就出手",捅破学生大脑中蒙着的迷糊纸。这就要求教师,要掌握教材的重点,要把握学生学习中的难点。作为一个知识上的先行者,要能指导学生在探究中获得思维和认识上的提升。如学习了"三角形的面积"后,解决一个这样的实际问题。如下图是人民医院包扎用的三角巾。现在有一块长7.2米,宽1.8米的白布,最多可以做多少块这样的三角巾?

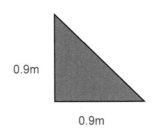

0.9m

0.9m

图 4-1 医院包扎用的三角巾

这个问题出示后,教师充分放手让学生画图步列数学模型,自己解决问题,然后汇报交流。交流解法时,学生展示了很多方法。第一种为(7.2×1.8)÷

$(0.9 \times 0.9 \div 2)$,即用大面积除以小面积;第二种是$(7.2 \times 1.8) \div (0.9 \times 0.9) \times 2$,即把三角形看成正方形,算出大面积中有多少个正方形的面积再乘2,就是有多少个三角形;第三种为$(7.2 \div 0.9) \times (1.8 \div 0.9) \times 2$,即看长方形的长里面有几个0.9,宽里面有几个0.9,再相乘,得出长方形里面有几个正方形,乘2后有多少个三角形。那么这时候,教师该如何引导学生对比这些不同的解法进行优化呢?教师可以接着出示下题,让学生解决:要切割底和高都是2分米的三角形铁板,如下图。现在有一块长25分米宽16分米的长方形铁板,最多可以切割多少块这样的三角形铁板?(两个直角边长为2分米)

图4-2　三角形铁板

解决这个问题的过程中,学生就发现,这个长方形的长和宽不是2的倍数,直接用大面积除以小面积就不行了。这时教师要及时引导学生对比发现,大面积除以小面积不是"放之四海而皆准"的真理。而第三种解法则能适应不同的情境,是普遍适用的方法。在这样的引导下,学生的思维灵活性得到进一步的提升,学生明晰了思考方法,教师的指导者身份得以有效发挥。

(四)在掌握策略中探究

面对同一个问题的时候,学生不同的思维会向不同的方向展开,形成不同的探究过程。怎样使学生思维能够有的放矢地进行?怎样辨认思维方向的正误、路径的优劣,合理调整思维,使探究活动更有实效?那就要教会学生一些思考和探究的策略。

1. 观察和比较

大千世界,所有事物都以独一无二的特殊性存在,并以此作为区别于其他事物的标志。人们认识客观世界,把握客观事物规律,就要探求其特征、规律,这就需要对其进行观察。细致的、有方法的观察必然会引发学生高质量的思考,从而形成对事物的本质认识。课堂上一定要适时引导学生观察,首先要明确观察方向,从上到下,从下到上,从左到右,从右到左,学会全方位从整体到部分进行观察。其次要明确观察标准,是观察顺序或者观察大小、颜色、规律等。例如学生练习19(　)(　)16　15之类的题目时,着力引导学生从两个方面观察,一是这几个数字按照什么顺序写?(是从小到大还是从大到小);二是按照什么方法写的?(是一个接着一个还是几个几个跳着写)。通过观察思考,以后练习这样的新问题便信手拈来了,如 30 ( ) 20 15 ( );900 ( ) 1 100 ( )( )。

观察往往是和比较联系在一起进行的。因为通过比较事物之间的异同,更能把握事物的本质规律。乌申斯基说,比较是一切思维和一切理解的基础。有比较才有鉴别。在求同和辨异的过程中确实能促进思考,掌握知识的内在联系。在比较的过程中,学生更容易发现不同,而引导学生找到不同背后的相同点,则往往是抓住了事物之间的联系和本质特征。

例如,教学"连续退位减法"时,可以先出示两道竖式计算复习旧知:198 – 27,190 – 26 集体练习后,引导学生观察比较,这两道题有什么不同点和相同点?通过比较让学生明确,这两道题的相同点都是三位数减去两位数,不同点是一个需要退位,一个不需要退位。在此基础上明确退位减法的计算方法,并出示新的学习内容:400 – 27,让学生利用已知尝试计算。计算汇报后再次比较新课和复习题的不同与相同,通过比较相同点突出哪一位不够减就从前一位退一的核心要素,通过比较不同点强调连续退位减法的难点,化解学生认知的困难,促进学生的思维发展。

此外要注意一题多解,一题多变等形式,然后引导学生比较发现不同方法不同题目之间的联系与区别,也有助于帮助学生深刻理解数学知识的本质,有助于帮助学生提高思维能力。

有意义的学习总是在原有的认知结构上进行的,当新知识输入以后,要和原有的认知结构交互作用,使原有的认知结构扩充或改组,从而形成新的认知结构,这时候新知识才算被理解了,被掌握了。这个新旧知识交互作用的过程,就是思维思辨的过程。学习而缺乏思辨,那么所学知识只能是浮光掠影,不能生根。人教版六年级下册教材认识比例一单元中,先认识正比例的意义,然后是反比例的意义。曾经上过一节"正比例的意义"公开课,绞尽脑汁思考与生活实际结合,帮助学生理解正比例的意义。但是学完了反比例的意义后综合练习时,依然有学生混淆不清。后来思考,如果在第一课时内将正比例和反比例的概念进行初步学习,下一节课再进行巩固和练习是不是效果更好些?这样课堂的思维含量更高,学生更需要努力比较、分析、思考、辨别才能做出判断。布鲁纳等人曾做过一个实验,受试者多为学生,分为两组,一组采用整体法,从整体出发,注意各部分间的联系,最后综合为整体,解决问题。另一部分采用部分法,从部分出发,然后各部分综合起来,解决问题。研究结果表明,不论问题的难易,皆为整体法优于部分法。从整体出发,让学生在思辨中学习部分与部分之间的联系,让学生先掌握知识的基本结构,然后凭借结构的功能,逐新丰富和完善已有的认知结构,这样的教学比较符合系统论的整体原理。于是,重新设计了"正反比例的意义"一课。课堂围绕四组相关联的量展开分析:

学校运来一堆煤。用了的数量和剩下的数量。

用了的吨数	1.5	2	3.5	4	4.5	……
剩下的吨数	4.5	4	2.5	2	1.5	……

妈妈的年龄和儿子的年龄。

妈妈的年龄	28	30	35	40	45	……
儿子的年龄	2	4	9	14	19	……

单价一定,学校买报纸的总价和数量。

总价	2	2.5	3	3.5	5	……
数量	4	5	6	7	10	……

被除数一定,商和除数。

商	24	16	12	8	48	……
除数	2	3	4	6	1	……

通过阅读教材,让学生初步理解正比例的概念,从这四组相关联的量中选择成正比例的量,并说明理由。同时也要进行反例的说明,即其他表中的量为什么不成正比例关系。然后用同样的方法来认识反比例关系。这样学生的站位更高了,能够高屋建瓴地理解正反比例的本质特征,在对比中进一步强化了概念的内

涵。那么在这样的理念支撑下,我们在教学"小数点位置移动引起小数大小变化"时,一定不要把小数点向左移动和向右移动分割到两节课中,避免学生不经过思考就能说出答案的局面。学习 20 以内的进位加法,可以通过九加几,将凑十法讲清弄透,然后进行 8 加几、7 加几等练习巩固。

2.猜想验证、概括

猜想是指依据已有的材料和知识做出符合一定的经验与事实的推测性想象。数学家高斯说:"没有大胆的猜测,一般是不可能有知识的进展的。"在数学教学中,利用数学知识间的联系引导学生展开合理想象、大胆猜想、小心求证,不但能探索新的知识,解决新的问题,也能很好地发展学生的数学思维能力。

例如,教学"圆的面积"一课时,在揭示圆的面积意义后,让学生猜想圆的面积与什么有关,可能学生会说圆的面积与圆的直径半径有关系,接下来出示下图:

图 4-3 圆的面积

让学生说一说,圆的面积中有几个正方形的面积,也就是有几个半径的平方。学生会说应该不足 4 个半径的平方,应该比 3 个半径的平方要多一些。那么到底是怎样的关系呢?让我们带着猜想运用学具进行验证操作。学生自由猜想的过程,其实是充分调动已有的知识经验,在直觉观察的基础上,进行思考、分析的过程,大胆的猜想并不是漫无边际的,而是思维自由飞翔的快乐。当然,学生的猜想有时候是周密且符合逻辑的,有时候也会是错误的,不完善的。比如初次学习"平行四边形的面积"一课时,学生容易猜想平行四边形的面积与它的两条边有关系,这实际是长方形面积公式带来的负迁移。这时候,教师一定不要轻易否定学生的猜想,而是要关注学生的想法,引发认知冲突,因势利导,引导学生通过验证操作和思考弄清楚来龙去脉,强化正确的认知,去除负迁移的影响,这样的学习更深刻,思维也发展得更深刻。同时,学生猜想的过程其实也是发展直觉思维的过程。

除了猜测验证,还有归纳演绎类比等多种认知方法。无论运用哪种方法,都要注意引导学生自己总结概括所思所得。概括既是对学生抽象思维能力的培养，又是对学生语言表达能力的培养，语言是思维的外壳，语言表达能力培养也是对思维能力的锤炼。例如各类概念的学习，计算法则的总结等，都要让学生在充分体验的基础上，进行抽象概括和表达。比如，一年级认识了大于号和小于号以后，会遇到这样的题目：12＞（　　　）。学生可能会说出很多数字，这时候教师不但要引导他们学会有序思考，同时也要让他们试着用一句话来概括括号里的数。这个概括，不但包括了所有的整数，也包括了将来学习的所有有理数解，进一步加深了对数的顺序和数的大小的认识，为将来学习有余数除法也做了铺垫。

3. 正逆结合

圆珠笔是我们常用的书写工具，它的发明史却耐人寻味。1938 年，匈牙利人拜罗采用很小的圆珠做笔尖，书写流利，但始终没有解决油墨外漏的问题。漏油的原因是笔珠因磨损而脱落，许多人循着常规思路，首先想到的是增强笔珠的耐磨性。有人试着用耐磨性好的宝石和不锈钢做笔珠，但这又产生了新的问题，笔珠头部内侧与笔珠接触的部分被磨损，仍然会使笔珠漏油。直到 1950 年，日本发明家中田藤三郎产生了一个绝妙的构思，他想，既然圆珠笔写到两万字就要漏油，那么，控制圆珠笔的油量，使之写到 1.5 万字左右时刚好用完，不就可以解决漏油的问题了吗？中田的这种方法就是反其道而行之，摆脱了常规思维的桎梏，是一个绝妙的逆向思维。

逆向思维可以使思维迅速而自由地转换到直接相反的进程，无论是对于学生掌握知识本身，还是对扩展他们的认知结构，培养面对复杂问题情境而能顺逆回环自如的思维灵活性都是十分有意义的。一方面，教师要对学生进行逆向思考的训练。如出示下面的题目，训练学生思考：在一个面积是 256 平方米的池塘里，放入 0.5 平方米的浮莲，如果浮莲日长一倍，10 天正好铺满整个池塘。第 9 天的时候，浮莲的覆盖面积有多大？如果正向思考的话，第一天是 0.5，第二天是 1，第三天是 2，……可以一直推算到第九天。如果逆向思考的话，第十天铺满是 256，那么第九天就是 256÷2＝128 平方米，简洁快速，凸显了思维的敏捷性。再如，认识了分数后，可以设计下面的练习：

下面的三角形是全部三角形的 $\frac{1}{3}$，

△△△△

那么全部有（　　　）个三角形，请你把其他的三角形补画出来。

这样的练习,学生既巩固了对分数意义的理解,又训练了逆向思维能力。在表示近似值的时候,为什么5.0末尾的0不能去掉?学生表示很困惑。教师可以引导学生通过画图并思考,结合下面的线段图(图4-4),总结得出近似值是5的数是大于等于4.5,小于5.5的数。近似值是5.0的数是大于等于4.95,小于5.05的数。由图上更可以看出,这两个数的范围是不同的,所以精确度也是不同的。这样的设计,通过逆向思考,深刻理解了近似值的精确度问题。

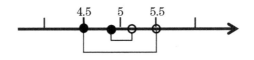

图4-4 5和5.0的取值范围

另一方面,教师要教会学生化逆为顺,这样能够化难为易,轻松解决问题。学习分数的解决问题时,分数乘法的问题可以归结为求一个数的(几倍)几分之几是多少,用乘法计算。那么怎样理解分数除法的解决问题呢?我们可以帮助学生搭建一个桥梁,就是根据题意写出等量关系式。如果园里有桃树1 200棵,梨树的棵树比桃树多$\frac{1}{3}$,梨树有多少棵?这时候,题目中的等量关系式是梨树 = 桃树×$(1 + \frac{1}{3})$,这时候计算梨树的数量是要求积,用桃树乘$\frac{4}{3}$。如果改变条件和问题:果园里有梨树1600棵,梨树的棵数比桃树多$\frac{1}{3}$,桃树有多少棵?这时候题目的等量关系式没有发生变化,仍然是梨树 = 桃树×$(1 + \frac{1}{3})$,但是要计算桃树的数量,需要求乘法中的一个乘数,所以要用除法来计算。这样便清晰地帮助学生将分数乘法和分数除法解决问题的知识关联起来,弄清楚分数除法的算理,同时沿着等量关系式思考也能化逆为顺,轻松化解了难点。教材中介绍了方程的方法来解决分数除法问题,也是化逆为顺的思路,但是有很多学生嫌弃方程解法烦琐。应用等量关系式帮助学生解决分数问题,计算简洁,联系清晰,是以不变应万变的核心模型,同时也渗透了代数思想,具有一定的优势。

4. 数形结合

数与形的美丽邂逅是小学数学学习中最美丽的花朵,是学习数学的重要思想和方法,居常用的十五种数学思想方法之首。以形助数、借数解形、数形结合的方法符合小学生感性的思维特点,能够化解数学的抽象性,把抽象的数学知识转化为形象的图形,加深学生对数学的理解,促进形象思维和抽象思维的协调发展,提高小学生学习数学的积极性。教学中,第一要重视以数助形。当问题比较抽象、学生思维受阻时,要引导学生运用实物图、直观图、线段图等,直观地化解抽象问题,帮助学生理解题意,顺利解决问题。第二要注意以形解数。例如在教学质数合数时,为了帮助学生理解质数的概念,让学生用小正方形摆一摆,通过用3个、5个、7个小正方形来摆图形,发现它们只能摆出一种图形,从而找到这三个数之间的关联,抓住质数的本质。再如,学习圆的面积时,将圆形等分、切割、拼接成近似的长方形,从研究"形"的角度出发解释抽象的数学知识,借助"形"直观、易理解的特点,通过对图形的处理,实现数与形的结合,从而达到对数学知识的理解,思维能力的提升。

（五）自主探究学习中要注意的几点

1.在自主探究活动中,教师需要培养学生自我评价和自我监控的意识和习惯

元认知能力的关键和核心是元认知监控,主体是否具有自我评价、自我监控的意识和习惯是衡量元认知水平的重要标志。然而,在一些传统的教学中,由于教师的"教"支配一切,教师对学生学习过程及结果的评价占据主导地位。而大多数学生自我评价和自我监控的意识淡薄,自控能力较差,这就严重影响了学生元认知水平的发展。学习策略知识是学生自我评价、自我监控和自我完善的基本依据,所以教师应该有计划地帮助学生理解并掌握学习策略。例如,在学习新知时,要做到"做、说、想三结合""数、式、形三结合""听知识、听方法、听思维三结合",在解决实际问题时要掌握"认真读题、认真想象、认真批划""数形结合、双向推理、矛盾转化"以及"解完题认真分析题目特点、总结解题规律"的策略,而这些都是应该由教师来帮助学生理解与掌握的。

2.在自主探究活动中,教师需要重视对元认知活动的教学示范

在教学过程中,教师对新教材的理解和对数学知识的应用并不顺畅,其中往往充满对认知活动的自我调控与调节。例如,为了教学生学习新知识,老师应该在进行直观演示之前,告诉学生观察的具体内容与方法,使学生明确观察的目标与要求,并且在观察的过程中思考和监控自己的观察活动,而在新知结论引出之后,教师还要引导学生思考:"我们是用什么方法学习新知识的? 有更好的办法吗?"通过不断地进行自我反思,强化自我监控意识,提高自我监控能力,促进元认知能力的发展和提升。

3.在数学教学活动中,教师需要加强对学生认知策略的教学

从认知心理学的角度来看,认知策略是元认知知识的重要组成部分。它是调节个人行为和认知加工过程的一般方法,比具体知识更具概括性和稳定性,因而认知策略具有十分广泛的适用性与应用价值。数学学习中的认知策略主要包括掌握理解数学知识与解决问题的策略。在教学中加强对认知策略的教学,无疑是提高学生元认知水平的有效途径。数学学习中的认知策略教学不能仅仅靠教师的讲授,必须让学生在教师的科学指导下通过实践去体会、领悟、总结和概括,即让学生在已有知识和经验的基础上经历一个主动建构的过程。① 对认知策略的教学特别要注意以下两点:

(1)长期性。认知策略的掌握,不同于知识与技能,不可能一蹴而就,必须坚持在形成概念、发现原理、训练技能、解决问题、归纳知识的各个环节上进行长期渗透,才能达到潜移默化的效果。

(2)实践性。为了让学生自己去体会和领悟认知策略,教师应该改变"满堂灌"的不良教学方法,尽可能地创设适合教学的数学活动情境,并且尽可能地多为学生创造讨论交流的机会,让学生经历由不知道到知道、由学会到会学的认知升华过程。

4.在自主探究活动中,教师需要加强对小学生数学元认知能力的训练

元认知能力是在元认知知识的基础上,通过实际训练逐步培养起来的,充分而有效的实际训练是发展元认知能力的关键。所以,对小学生数学元认知能力的训练必须贯穿数学教学的全过程,对此教师要有计划地进行,让学生关注和思考自己的学习方法是否符合学习任务的要求。一旦学生发现了任何问题,就要迅速地进行调控与改进,只有这样,数学学习活动才能继续顺利推进,学生数学学习的效果和质量才会显著提高。教师可以在教学例题、课堂练习、作业设计中,采用是非判断、变式训练、拓展训练,把数学学习引向更高的深度、广度,通过及时的反馈练习,使学生能够加深对数学概念的理解和应用,从而为之后的学习打下较为坚实的基础。教师也要注意因材施教,在提问与练习中,使不同层次的学生得到不同程度的训练,这样既能突出学生的主体地位,又可以发挥教师的主导作用。

此外,教师还应该引导学生学会自觉总结自己的元认知活动,不断提高学生

---

① 刘明祥.浅论元认知在数学教学中的作用与培养[J].数学教学研究,2001(05):2-4.

的数学元认知能力。例如,教师在课堂结束时安排学生评价自己在这节课上的学习情况,整理和回顾所学的知识、对这些知识的掌握程度、最感兴趣的过程、还需进一步学习的地方以及是否存在其他问题。

二、学生获得元认知体验的案例分析

数学元认知是将数学认知过程作为认知对象、将监控进程作为目标的认知活动,它是主体对自己的数学认知活动、过程、结果的认知、体验、监控和调节,是整个认知活动的"监察官"和"领导者"①。数学元认知主要包括数学元认知知识、数学元认知体验和数学元认知监控三个部分。

其中,数学元认知体验是在数学学习过程中伴随着认知活动产生的任何认知体验或情感体验,可以在认知过程中的任何时刻发生:在认知活动开始前,数学元认知体验能够激发学生的思维,促使学生自觉监视自己在认知活动过程中的思维过程。在认知活动过程中,数学元认知体验体现在学生的学习潜能意识上,即学生在学习中的成败,从而意识到自己掌握学习内容的程度。在认知活动结束后,学生也会产生一定的情感体验,如喜悦自信、效能感或困惑焦虑、无力感等。数学元认知体验可以激活数学元认知知识,使数学元认知知识得到巩固和拓展,也可以使数学元认知监控进行有目的的调节和控制②,它可以在数学教学的过程中让学生获得良好的数学体验,也有助于小学生数学元认知能力的培养。

要使小学生具备体验知识产生过程的能力,首先必须使学生具有主动探究知识的意识,而不能机械地等待教师的传授。学生只有具备主动探究知识的意识,才能有机会体验到知识的产生过程。小学生对数学知识产生过程的体验需要能够充分思考、合作与交流的空间,学生只有在活动的过程中才能体会数学的真谛,一旦离开了思维空间和实践活动,学生就无从体验到知识的生成。因此,教师应该为学生提供一个思考与合作交流的空间,使学生可以在这个空间中去探索、发现、创造和体验数学知识的产生。

小学生的数学学习离不开学生的真实体验,数学教学应使学生在特定的数学活动和具体情境中初步掌握学习对象的特征,从而获得数学体验。让学生亲历实践,不但有助于他们通过参与各种教学活动来探究和获取数学知识,更重要的是,学生可以在亲身体验中逐步掌握数学学习的一般规律和方法。教师用活

---

① 钱振玉. 小学中高年级培养学生数学元认知能力的研究[D].苏州大学,2011.
② 陈锦花. 提高五年级学生数学元认知能力的教学实践[D].上海师范大学,2015.

并用好教材,创造性地进行教学,让学生体验数学学习的过程,感受成功的喜悦,有助于他们增强信心,提高学习数学的积极性,从而达到学会学习的目的。

下面是一些引导学生自主探究学习、提升数学学习体验的教学案例:

案例一:《长方体正方体表面积》

只有在高度自觉思维的情境中,学生才能意识和体验到自己的思维过程,从而产生元认知体验,引发思维的自我监控和自我调节。

在教学《长方体正方体表面积》时,注意引导学生去主动观察,参与学习和讨论。首先,需要抓住长方体表面积的本质开展教学,引导学生根据长方体的特征进行观察和讨论,说一说长方体的表面积与什么有关。另外,需要结合学具,引导学生思考相对面的面积应该怎么求,从而让学生逐渐形成一一对应的数学思想。同时,重视对学生观察、动手操作的能力的培养,让学生课前收集一些不同材质和大小的长方体物体,并让学生从制作这些物体需要多少材料的实际问题开始思考,找出办法来求展开图的总面积,从而揭示表面积的概念。

学生对学习材料本身十分熟悉,因此他们感到有兴趣,并在课堂教学期间保持比较活跃的思维状态。尤其是自己测量实际物体的数据计算表面积的时候,需要整体观察、计划和调整。由此可以看出,数学学习的过程,不仅仅是对数学材料的感知、记忆、思维和想象的认知过程,同时也是通过自我意识主动监视、控制和调节该认知过程的元认知过程。为了培养学生解决问题的灵活性,还要选择一些计算长方体游泳池、铁皮烟囱等表面积的问题,请学生运用多样的思路和方法灵活解题,而不是死板地运用参考答案。学生确实展示出了不同的思维方式和解决问题的方法,反映了他们知识的内化和思维的灵活性。

案例二:《长方体和正方体的认识》

在实践活动中,学生加深了对数学知识的理解,更重要的是学会在现实生活中发现并解决数学问题,形成了对自然、社会与自身内在联系的整体认识,从而发展了学生对知识的综合运用能力,培养了探究意识、创造意识。教学过程中教师需要注重学生的实践活动,充分让学生动手、动口、动脑,在活动中让学生理解和掌握数学知识,充分体验成功的喜悦,这样可以提高他们学习的积极性和主动性。

在《长方体和正方体的认识》课始环节,我为各小组提供了足够多的小棒

(长短不一)和橡皮泥做的小球。先让学生在小组内讨论,每组做一个长方体和一个正方体,各需要多少根小棒以及多少个小球,然后让他们领取材料每组试着做一做。学生操作完成后,各组要展示自己的作品,并汇报做一个长方体使用的材料,做一个正方体使用的材料。在制作前,先让学生进行思考和讨论,这是培养学生空间想象力和对长正方体特征进行初步感知的过程。制作环节教师让学生独立操作,在实践中掌握长方体和正方体的特征。汇报环节,则是学生将长方体和正方体的特征进行梳理总结,并用语言表达深化的过程。

在认识了长方体和正方体的特征后,教师应组织学生进行一次反思活动。反思自己在操作前,认为制作长方体(正方体)需要多少根小棒,多长的小棒,需要多少个橡皮泥小球,实际操作后,反思自己当时制作的思路,如果有问题,是什么原因造成的。在这个过程中,学生能较客观地分析自己思维、认识空间想象力的不足,找出改进方法,及时调整,在不断的改进中提高自我的元认知能力,增强自信。对于总是怀疑自己、不敢轻易尝试的学生,教师要给予积极的鼓励。

案例三:《有余数的除法》

在教学二年级下册的"有余数的除法"时,要让学生理解余数必须小于除数的道理。课堂上开展了这样的游戏活动:四位同学做传糖果的游戏,请一位同学背对传糖的同学,其他同学在传糖的过程中负责数数,传一个人就数一个数,从1开始一直数到老师喊停为止。然后请背对的同学猜一猜,糖在哪位同学手里。游戏开始老师在数4、数8的时候叫停,引导学生发现每4个为一组,这时候都在最后一位同学手里。接着在数5,数7,数13,数15的时候叫停,让学生先猜,再说一说猜的办法。在游戏结束后,组织学生仔细观察各种情况,说一说准确猜中的办法,再让学生从中发现并归纳出产生余数的原因以及余数的产生与什么有关,并尝试列出算式。引导学生通过自己的理解与归纳,进一步观察算式中余数的特点,为什么只有1、2和3,不会出现余数4。这样结合学生感兴趣的游戏活动,学生能真正理解余数比除数小的道理。通过"观察—归纳"的数学学习方法,学生对形象的感知提升到了理性的认识,这些认识通过外显知识的内化过程,最后真正成了学生认识并理解的数学知识。

在数学教学活动中,让学生主要通过观察来收集新材料,发现新事实;通过归纳来认识数学的本质,揭示数学规律,并探求数学的思想和方法。因此,在数学教学中,教师要让学生有意识地进行观察,不断调动学生的学习积极性,培养他们的直觉思维能力,充分发挥他们的数学才能,进而通过对对象本质的探索和归纳,洞察出隐藏的数学规律和方法,使学生认识和理解新知识。其次,让学生从表面的简单操作中发现深层的数量关系或图像的性质、数学的本质。总之,教师在教学活动中经常让学生调动多种感官参与学习过程,可以加强学生对数学知识的理解,并使他们了解获取数学知识的新方法。

案例四:《学习长度单位"厘米"》

小学生学习数学是一种基于自身经验的认知过程。对小学生来说,数学是他们对生活中数学现象的"解读",数学活动是让学生经历"数学化"的过程。从建构主义的角度来看,学生与教材及教师产生交互作用,从而形成了数学知识、数学技能和数学能力。因此,在教学中,教师应该创设问题情境,引发学生的"认知冲突",使学生产生"创造"新知识的需求和欲望,经历知识的生成过程,体验学习数学知识的必要性。

例如,学生学习长度单位"厘米"时,课始教师让学生自主测量课桌的长度,有的学生用自己的铅笔测量,有的用数学书测量,有的已经知道厘米这个长度单位,则用尺子测量。当学生汇报的时候,教师说,同样的课桌,为什么你们测量的结果不一样呢? 让学生体验到不规定统一的长度单位就无法进行交流和表达时,教师再带领学生学习有关"厘米"的知识,这样就使学生不但了解了"厘米"是什么,而且还明白了学习"厘米"的目的,对长度单位的认识达到了一定的深度。

在这节课的结尾,向学生抛出新的问题,运用今天学到的"厘米",能否测量出教室的长度、操场一圈的长度呢? 学生思考后回答,也能够测量出来,但是太麻烦了,必须有更大一些的长度单位才便于测量更长的距离。这就为下节课"米"的认识做好了铺垫,同时也让学生体验到不断学习就能不断发展和突破的喜悦。

元认知体验的产生,与学生在认知活动中的位置、进展和可能有关,它经常出现在学生期望有意识地调节和控制自己的认知活动的时候。教师应该通过创设问题情境等方式,引导学生产生元认知体验,让他们体验到,用原来的方法思考不容易解决问题,但用现在学到的新思维方法去思考可以更好、更容易地解决问题。当学生有了这种体验之后,当再次遇到问题时,他们就知道应该从不同的角度、用新的思路去思考,并不断提高这些体验的精确度,从而提高元认知水平。

案例五：《克与千克的认识》

在"克与千克的认识"中，1千克和1克质量概念的建立要靠肌肉去感觉、靠体验形成。因此，教师应该为学生提供广阔的操作和实践的空间以及足够的思考和交流的时间。通过掂一掂、估一估、称一称、看一看、想一想、说一说等教学活动，让学生在活动中去感受和体验，从而建立质量概念。比如1克概念的建立：让学生从掂一掂一枚2分硬币开始，感受到它的质量很轻，就像一片叶子一样轻；紧接着让学生看一看用天平称量的结果，1枚2分硬币的质量就是1克；然后，让学生闭上眼睛，再次把1枚2分的硬币放在手中，感受1克的质量。当学生初步感知1克的质量以后，让学生先掂一掂，再估一估，最后称一称一个鸡蛋、一个苹果、一本数学书、一袋盐的质量，接着请学生感受两袋盐的质量，明确这两袋盐的质量就是1 000克，也就是1千克。这样既引出新的质量单位1千克，使学生开始了对一个新的质量单位的学习，又能十分自然地让学生接受1 000克＝1千克这个事实，从而理解了这两个质量单位之间的进率。学生是在一系列的感受、体验、观察、思考、推理活动中，建立了较为准确的"克"与"千克"的质量概念及二者之间的联系，从而很好地达成了教学目标。

知识来源于实践，深刻于体验。学习数学的重要目的是运用数学知识解决日常生活中的实际问题。教学中，教师应尽可能地为学生提供实地应用的机会，使学生体验到所学数学知识在数学知识的实际应用中都是有用的。这样，学生既加深了对数学知识的理解，又培养了解决问题的能力和创新意识。学生对新知有了亲身的体验，才能更加深刻牢固地把所接触到的新知转化为自己的内在经验，在下一次运用到它的时候才能很容易地去调动自己的已有经验去判断、去推断、去使用。

案例六：《圆的面积》

例如，教学"圆的面积"一课时，在揭示圆的面积意义后，出示下图：

图4－5　圆的面积

让学生说一说,圆的面积中有几个正方形的面积,也就是有几个半径的平方。学生会说不足 4 个半径的平方,应该比 3 个半径的平方要多一些。那么到底是怎样的关系呢?可能会有学生说出圆的面积公式,因为现在学生接收信息的渠道越来越多了,获取知识不仅是课堂这一渠道了。到底对不对呢?这时候引领学生带着猜想运用学具进行验证操作。学生自由猜想的过程,其实是他们充分调动已有的知识经验,在直觉观察的基础上,进行思考、分析的过程。引导学生通过验证操作和思考弄清楚来龙去脉,强化正确的认知,去除负迁移的影响,这样的学习更深刻,思维也发展得更深刻。同时,及时引导学生在验证后与猜想对比,更能促进数学元认知能力的形成。

案例七:《分数除法》

在《分数除法》的教学中,让学生通过经历知识生成的过程体验数学,从而深刻理解分数除法的计算方法。

学习分数除法,先让同学们展示预习成果,"甲数除以乙数(0 除外),等于甲数乘乙数的倒数",这个计算法则是通过读书很容易知道的。那为什么要这样计算呢?提出了这个问题,教师在黑板上板书了一组算式,请学生认真观察和思考,然后小组讨论交流。

$$18 \div 9 = (18 \times \frac{1}{9}) \div (9 \times \frac{1}{9}) = 2 \div 1 = 2$$

$$\frac{1}{3} \div 3 = (\frac{1}{3} \times \frac{1}{3}) \div (3 \times \frac{1}{3}) = (\frac{1}{3} \times \frac{1}{3}) \div 1 = \frac{1}{3} \times \frac{1}{3} = \frac{1}{9}$$

看着这些算式,认真思考的学生恍然大悟,原来是要给被除数和除数同时乘一个数,使除法都变成除以 1,商就永远得被除数。怎样把除数变为 1 呢,那就给被除数和除数都乘除数的倒数就可以了。其实这就是分数除法计算法则的由来。让学生思考、观察并分组讨论发现了什么,就是引导学生自己总结出分数除法计算法则的过程。将探索的时间和空间都留给学生,让每一名学生都参与到活动中。由感知到表象再到本质,法则的来龙去脉给学生留下了深刻的印象。

任何一本教材由于其展现形式的限制,呈现的都是知识的结论。作为教师,要将其背后的生成过程展现出来,才能让学生经历知识的发生和发展过程。在这个过程中,学生会获得积极的情感体验,这种良好的学习心理是元认知的基础。学生只有喜爱数学,才能主动学习,关注相关的数学知识,遇到难题也会积极思考解决方法,逐步形成自觉调整和控制学习行为的习惯。教师应该努力培养学生对数学的学习兴趣,为其创造成功的机会,让学生体验成功的感觉。在学生探究的过程中,为学生板书一组算式,就是为学生的思维确定了方向,让学生明确了如何思考。如此一来,就可以增强学生的自我意识,初步培养他们的元认知能力。

三、引导学生进行元认知监控

一般来说,元认知监控的实现基于元认知知识和元认知体验的相互作用,它在元认知中居于核心地位,元认知监控能力会制约主体元认知知识的获得和水平。因此,主体是否具有自我评价、自我监控的意识和习惯,是衡量主体元认知水平的重要标志。

数学元认知监控是学生在数学认知活动的全过程中,以正在进行的数学认知活动为意识对象,不断对其进行积极的监控和调节,以达到预定的目标。具体表现为小学生根据自己的能力水平和知识掌握程度采取有效的学习策略,积极反馈和调节其学习行为和态度,及时修正策略,灵活运用学习方法,尽快达到数学学习的目的。教师应该引导学生在数学学习过程中正确地开展自我监控。

小学是人接受教育的最基础的场所之一,因此,在小学生的教育教学过程中,教师要将反省思维的培养融入日常教学活动中。小学数学教学的目的不只是传授数学知识,更是锻炼和培养小学生的思维。实施反思性教学,需要教师在引导学生学习知识的过程中,引发学生的好奇心和求知欲,让学生对学习产生兴趣,进而开始积极主动地思考并开始自主探究,同时教师还要培养学生的反省能力。

(一)策略方法

1."教""学"并重

反思性教学是促使师生共同发展的过程,关注的是教师应该如何教和学生应该如何学。教师和学生都是反思性教学中的主体,教师通过反思,得到新的教学经验,发现教学中存在的问题并加以改正,使自己的专业素质、教学能力均得到提升。而学生通过反思性学习,不仅获得了知识,更在学习过程中培养并锻炼了反省思维和学习的能力,养成了独立思考判断的良好习惯。因此,反思性教学是一个教与学并重的过程。

课堂上自主探究的学习过程,是学生独立思考、再现和提取所学知识、方法的过程，它可以训练学生的数学思维、提高学生的数学应用能力。在这个过程中，我们不仅要教会学生反思练习题所用到的知识、方法、各个题目间的联系、与上课内容的联系，还要教会学生反思自己的解题思想，碰到困难时分析问题的出处以及有没有更好的解题方法。只有不断地反思，才能把新知识转化为自己的综合能力，才能熟练地运用。

很多时候，因为学生欠缺独立思考的机会，找不到该从什么地方入手来思考，学生在学习过程中更多依赖于接受和模仿。针对这样的情况，我们在引导学生反思时，首先要学生了解这一过程：从遇到的问题开始，回忆刚开始的想法，后来遇到的问题，解决这些问题的方法，以及思考的结果，在整个思考过程中的启发，思维活动过程中必然的规律等，经历了这样的反思过程，不仅推动学生知识结构的完整和体系化，还能提升学生的思维能力和元认知体验。

2. 反思学习过程中涉及的知识点，构建知识体系

在反思过程中，引导学生从不同的角度看待知识点，从新旧知识之间的关系，以及运用旧知识解决新问题时进行更改，这样的反思有利于学生构建整体化的认知体系，促进学生的知识系统化，推动学生的元认知体验。

3. 反思学习过程中用到的数学思想方法，实现认知突破

反思不是简单地回顾知识学习的起点、过程和结果，而是在学习过程中提炼出有价值的素材和有意义的细节。在学生的反思中，要引导他们反思解决问题过程中出现的数学思想和方法，促进学生从本质上感悟数学，实现元认知的突破。

在数学教学中，教师不应该隐藏自己解决问题时的计划、监控与评价，而应该展现解决问题的全过程，用实际行动演示元认知活动，使学生逐步体会"这样做"的道理与意义，学会在遇到挫折时如何对待和解决问题。当然，课堂教学的过程也可以根据元认知教学示范的要求组织，在学生解决问题过程中出现错误想法时，应先引导学生自主展示解决问题的思维过程，然后进行反思，从而发现错误，纠正错误并调控思维，这种教学有利于培养学生的反省认知能力。

教师在数学教学中，需借助一题多解、一题多变等方法来培养学生思维的广度。教学中要挖掘学生的闪光点，鼓励学生发表自己的意见，及时表扬有独创见解的学生，引导扶正错误意见、补充不完善的意见。无论学生意见正确与否，只要能发表意见，都要鼓励表扬，激发他们的学习动机，培养他们的创新精神。

著名数学教育家 G·波利亚曾经说："如果没有了反思，他们就错过了解题的一个重要而有效益的方面。通过回顾所完成的解答，通过重新考虑和重新检

查这个结果和得出这个结果的路子,学生们可以巩固他们的知识和提高他们的解题能力。"①在课堂上,教师要引导学生重视反思解题方法,有些同学能看懂书中的例题,听懂教师的讲解,却只会模仿,只要题目的条件和问题稍有变化,就束手无策,这说明学生思得不够、悟得太少。在教学中,我们提倡学生在解完题后,认真回顾自己的解题过程,并进一步探索:反思自己的解题过程是否严密、检验结果是否符合题意,反思自己为什么这样做,反思有没有别的解法、有什么样的规律可循。长此以往,学生的解题能力就会自然而然地提高。

4. 培养学生自我反思的习惯

很多学生在学习过程中缺乏反思的习惯,因此,要想让学生学会反思,首先得培养学生的反思习惯。每一节课的小结就是一个绝佳的反思机会,利用课堂小结组织学生进行反思,堂堂思,节节思,让反思自然而然地变成学生自觉主动的行为。

老师需要引导学生反思自问:今天老师讲的是什么知识?（整理内化,构建知识体系）我掌握了多少?（对照检查,确定补习方向）还有哪些地方不懂?哪些地方还存在疑问?（质疑提高,培养创新精神）……在质疑问难时激发学生反思;在应用练习时组织学生反思;在错误中引导学生反思;在学习结束处因势利导反思;对自己的成功和失败都应该有所反思才能不断进步。

5. 教师要注重语言引导

有了好的习惯,还需要教师用适合的语言来引领学生进行反思。教学中,引导学生反思的语言应目标明确,指向性强。比如在刚才的学习活动中,你遇到了什么困难?是怎么克服的?今天学的知识和以前的哪些知识有联系?有什么作用?我们是用什么方法获得这些知识的?在这个过程中你有什么新的发现?能提出什么新的问题?根据每节课的特定内容选择合适的语言来引导反思,这样学生思考的目的会更明确,思考也会更深入。

积极反思,查漏补缺,确保解题的合理性和正确性;积极反思,克服思维定式,探求一题多解和多题一解,提高综合解题能力;积极反思、系统小结,使重要数学方法、公式和定理的应用规律条理化,在解题中应用自如、改进过程,寻求解题方法上的创新;注重知识的迁移和应用,探究问题所含知识的系统性;整合知

---

① 转引自:冯克诚主编. 中学数学课堂教学方法实用全书 下[M]. 呼和浩特:内蒙古大学出版社,1999.03.

识,创新设问;探究规律,形成小结,解题后引导学生不断观察分析问题,归纳类比,抽象概括,不断思考问题中蕴含的数学方法和思想,做出新的判断,让学生体会解题的乐趣,享受探究带来的成就感。长此以往,学生逐步养成独立思考、积极探究的习惯,并懂得如何学数学,这是学好数学的必要条件。

(二)具体做法或教学案例

1.引导学生解题后及时反思

学生课堂检测、做完题目并非大功告成,重要的是引申、扩展并深化知识,因此,反思是解题后的重要环节。一般说来,习题做完后,要从五个层次反思:第一,怎样做出来的? 思考解题的方法;第二,为什么这样做? 思考解题的原理;第三,为什么想到这种方法? 思考解题的思路;第四,有无其他方法? 哪种方法更好,为什么? 思考多种途径,培养求异思维;第五,能否变通成另一习题? 思考一题多变,促使思维发散。

例如学生在学习 100 以内的进位加法和退位减法的竖式计算时,总是会出现各种各样的问题:忘记进位或退位,数位没对齐,加法算成减法等。所以,在学生学完相应的知识内容进行专项练习的时候,教师要让学生在完成计算后说一说自己的计算过程,加深印象和理解,这样便能够熟能生巧。而教师也可以及时从学生的练习中寻找和发现教学的素材并充分利用起来,让学生从中学会检测问题,进而反思自我。教师可以设计一些趣味练习题,如森林医生等,来激发学生检查自己学习情况的主动性和积极性,培养其检查意识。此外,教师也可以通过学生小组合作、趣味竞赛的方式,提高学生的积极性和学习兴趣。

再如,学习分数的解决问题后,进行分数解决问题的综合练习,通过改变条件和问题让学生总结解题规律,体会分数乘法和分数除法解决问题之间的联系。

(1)小静家每月总收入 6 000 元,其中日常生活支出占 $\frac{1}{2}$,教育支出占 $\frac{1}{5}$,其余的作为每月的储蓄,日常支出和教育支出分别多少元?

(2)小静家每月总收入 6 000 元,其中日常生活支出占 $\frac{1}{2}$,教育支出占 $\frac{1}{5}$,其余的作为每月的储蓄,每月储蓄多少元?

(3)小静家每月日常生活支出占 $\frac{1}{2}$,教育支出占 $\frac{1}{5}$,剩余 1 800 元作为每月的储蓄,小静家每月总收入是多少元?

(4)小静家每月日常生活支出是 3 000 元,占总收入的 $\frac{1}{2}$,教育支出占 $\frac{1}{5}$,剩

余 1 800 元作为每月的储蓄,小静家每月总收入是多少元?(你选择哪几个条件去解决问题)

通过一题多变,使学生思考"对应"这一数学思想方法,理解单位"1"的数量乘生活支出的 $\frac{1}{2}$ 等于生活支出的钱数,乘教育支出的 $\frac{1}{5}$ 则等于教育支出的钱数,乘剩余的 $\frac{3}{10}$ 等于剩余的钱数。反之,用教育支出的钱数除以 $\frac{1}{5}$、用生活支出的钱数除以 $\frac{1}{2}$、用剩余的钱数除以剩余的 $\frac{3}{10}$ 都等于每月的总收入这个单位"1"。

2. 培养学生自我检查的意识和习惯

避免错题发生,是一种前反思行为。培养学生在每一次作业或练习时主动检查和检验的习惯,可以降低错题出现的概率。教学中,先从课堂练习进行训练。在课内,教师可指导学生的活动,训练一段时间,学生有了一定习惯后,可同时提出家庭作业的要求。

在训练学生的习惯时,教学生检查方法:重新读题:要求,圈画出重点词,明确题目的各项要求,比较与第一次理解是否有分歧,以及是否完成了题目的要求。仔细核对:核对每一项数据,有无抄写上的错误。改变方法:重新计算,计算时最好换种方法。比如计算 56×89,可以用交换律再计算一遍。检查验证:检查结果是否符合实际情况,倒推代入题中检验,这也有助于学生联系生活学习数学,最后检查答句、单位名称等的使用。

3. 使用错题记录本记录错题,分析错误原因

如在学习竖式计算加减法时,大部分学生都能掌握基本方法,比如:对齐相同数位,从个位算起;个位相加满十,要向十位进一;个位不够减,要从十位退一,这三条基本运算法则同学们都能熟记于心,但仍有个别学生由于计算时的疏忽而出错,鉴于此,要求出错学生反思错在哪里,为什么出错。再如,学习了分数除法后,学生都能记住"除以一个数,就是乘这个数的倒数"。等到解题的时候,学生却出现不同的错误,有的会把被除数变成倒数,有的会把除法当作乘法算。实际上,学生犯错的原因往往是各不相同的。可以设计错题记录本,让学生记录自己的错题,分析错误原因,并自己选择类似练习进行训练,这是对学生数学元认知能力实实在在的训练。(列举两名学生的错题记录。)

表 4-4　学生错题记录 1

原题及错解	把一张纸的 $\frac{4}{5}$ 平均分成 2 份，每份是这张纸的几分之几？ $\frac{4}{5} \div 2 = \frac{5}{4} \times \frac{1}{2} = \frac{4}{5}$
错误分析	计算分数除法时，被除数不变，要把除数变为倒数，用被除数乘除数的倒数。我把被除数和除数都变为倒数了。
题目正解	$\frac{4}{5} \div 2 = \frac{4}{5} \times \frac{1}{2} = \frac{2}{5}$
同类巩固	$\frac{4}{5} \div 8 = \frac{4}{5} \times \frac{1}{8} = \frac{1}{10}$

表 4-5　学生错题记录 2

原题及错解	10 吨煤，用去 $\frac{4}{5}$ 吨，还剩多少吨？　　　　$10 - 10 \times \frac{4}{5} = 2$ 吨
错误分析	$\frac{4}{5}$ 吨表示的是一个具体的数量，不是一个数的 $\frac{4}{5}$。
题目正解	$10 - \frac{4}{5} = 10 - 0.8 = 9.2$ 吨
同类巩固	10 吨煤，用去 $\frac{4}{5}$，还剩多少吨？　　　　$10 - 10 \times \frac{4}{5} = 2$ 吨

4. 根据学生年龄特点用多种形式反思

教学中的引导性话语对教学起着重要作用，可以在各个年级使用。教师在教学中经常这样引导学生："你还有其他答案吗？""你的答案与别人的有什么不同？""你（他）的答案好在哪里？"这样的问题，有助于调动学生的学习积极性，促使学生学会反思和优化自己的思考过程。在探究新知识的过程中，学习是对学习过程本身的学习，包括知识的形成过程、学习反思、操作程序以及获得的结论等。

根据学生年龄应该设计不同的反思方式。例如低年级学生年龄小,如何引导他们进行反思呢? 可以尝试为每人制作一张画满方格的 A4 纸,每节课后,让学生总结自己的表现。如果遵守纪律,积极举手就在一个方格内画一横一竖,如果能主动提出不同见解,提出数学问题,就接着再画一撇一捺。一个学期下来,观察自己的每一个方格里都是什么样的,笔者给这个反思方法命名为"织数学网"。让学生写数学日记、闭上眼睛回想等都是培养反思习惯的方法。下面是二年级的学生用数学日记记录自己"织网"的心路历程,反思自我、关注自我的习惯就在这个过程中悄然形成。

学生数学日记 1:

3 月 24 日　晴

我有一个数学网,一下了数学刘老师的课,就在自己的数学网上画下来我这节课的表现。表现好,我就画两道,如果表现不好,我就画一道。有一次数学课上我没有举手回答问题,表现不好,我就让那个格子空着了。但是有一节课我回答了好几次问题,表现特别好,我就画了四道,成了个米字。数学网好像在监督我学习数学,它时刻提醒我上好数学课。

学生数学日记 2:

3 月 29 日　晴

每天上数学课刘老师都让我们织网。

这网到底是什么呢? 就是让我们在方格里画横竖撇捺,用来记录自己的表现。比如,这节课表现特别好,认真听讲还积极回答问题,就可以画四道,如果表现一般就画两道,太差劲了就画一道或者不画。刘老师说,数学网上如果总是有洞,以后学习更难的数学知识就会跟不上了。我要争取每节课都画两道或者四道。

5. 加强总结,建构升华

每节课后,让学生总结本节课的重点知识与方法。每个单元后,引导学生画网络图归纳整理出各知识点的内在联系,从而连点成线,织线成网,使学生能站在一定的高度回顾所学知识,从而形成完善的知识结构。比如:进行"平面图形面积"整理复习时,让学生回顾长方形、平行四边形、三角形、梯形各自面积公式推导过程,并用自己的方式展现出这些面积公式推导过程的联系。对"平面图形的面积公式"进行复习,不仅应该让学生抓住这些平面图形面积公式推导过程之间的联系,更要找到图形之间的本质联系。在梯形面积公式 $s = (a+b)h \div 2$ 中,当 $a=b$ 时,s 等于什么,当 $b=0$ 时,s 等于什么。通过这样的观察与思考,学生将三角形、平行四边形与梯形之间建立了联系,对平面图形的形状之间、面积计算之间的联系理解更加深刻。通过归纳与整理,学生对思维过程进行调整,从而使数学知识结构不断完善。

三、自主学习背景下的课堂教学评价体系构建

促进学生自主探究学习,无疑是新课改的应有之义,也是培养学生核心素养的必须之举,这应该是每一位教师必须要探索与实践的道路。那么怎样判断自己的课是否符合要求呢? 构建一个客观、科学、多元化的课堂教学评价体系,对教师转变教学观念、提高课堂教学效果、提升教学质量具有十分重要的意义。

(一)自主学习背景下课堂教学评价的关键指标

"自主探究"学习背景下的课堂教学评价要关注如下方面:

1. 关注学生学习的兴趣和学习情感

兴趣是人做好事情的原动力。人只有对某件事感兴趣,才能主动、自觉、积极、创造性地去做,并力图做得完美。因此,教师要激发学生对这门学科的兴趣,也可以说兴趣是"自主学习"的基础。另外,教师要帮助学生常处于成就感与自豪感之中。在这种情感中,他们享受胜利的愉悦,增强自信心,学习上就会更自觉、积极、主动。

2. 关注学生的学习方法和策略的获得

自主学习要求学生不但要热爱学习,还要会学习。学会学习比学会知识更重要,教师教给学生知识的同时,还要教他们获取知识的方法,比如对注意、记忆、思考、阅读、复习预习等方法和技能加以指导,同时还要激活学生的信息执行控制系统,引领学生及时反思和总结自己是如何学习的,从而培养其元认知能力。

3. 关注课堂的组织形式

随着教师角色的改变和丰富,课堂组织形式也要进行改造。实现自主学习,必然需要学生的参与,需要学生主动探究、亲身经历数学知识建构的过程。但自主学习不等于独立学习,合作与独立应同样重要。一句话,自主学习的课堂组织形式应该是多元的。仅仅依靠教师或学生的单方决策是危险的,然而如果没有师生的协商,同样会妨碍学习任务的有效制定和评价。因此,在自主学习的课堂上,教师不应是课堂上的唯一组织者,小组长和学生都可能成为学习活动的组织者。

4. 关注教学内容的改造

教师要创造性地使用教材,对教学内容的改造首先要关注知识的整体性。把知识的系统性、连续性与整体性协调好,不能人为地割断联系,造成因教师"只见树木不见森林"而导致学生在认知上的割裂与障碍。其次要关注生活性。教学内容必须贴近生活、联系实际,让学生在游泳中学会游泳。毕竟,一切内容要追本溯源的话,皆来源于生活。最后要关注开放性。就是要把握好有限与无限(即课内时间与课外时间)、有形与无形(即课堂空间与生活空间)的关系,既要讲究课堂40分钟效率,又要生成类似"视觉后象"效应,即课堂效果要有延展性,包括兴趣、活动和能力的延展等。

5. 关注课堂文化

课堂应尊重生命的独立,呵护学生的生命成长,倾听学生生命的"脉搏",在和谐平等的师生互动中,共享学生生命成长的真实体验。教师应该努力创设良好的教学氛围,建立和谐、融洽、平等的师生关系,尊重、信任学生,鼓励学生大胆质疑,不唯师、不唯书。在这种气氛中,学生才乐于参与、敢于参与教学过程,从而形成师生间真实有效的互动,学生才能成为学习的主人。

(二)自主学习背景下课堂教学评价体系的设置原则

1. 观教与观学并重

课堂教学评价的焦点不仅是教师教得怎么样,还包括学生学得怎么样,其根本在于促进学生的学习。为此,笔者设计了观教与观学两个角度的诊断表,回放课堂教学实录,直观诊断自己的课堂。从观教和观学两个维度,依据自主学习需要关注的关键指标,寻找到诊断自主学习效果的评价指标,从目标达成、内容处理、师生互动、方法运用、调控应变的角度诊断教师教的效果,从知识技能增进、习惯品质形成、能力思维提升、兴趣情感增加、创新反思迁移五个角度诊断学生学的效果。从教与学两个维度评价课堂教学,明确了教师是教的主体,是组织者、指导者、参与者,学生是学的主体,学习是学生主动建构的过程,需要学生的探究与体验。

2. 定量与定性并重

仅仅就课堂进行定性的评价,往往会使教学评价变得模糊,对教学行为的判断,基于原有的经验,是一种直觉经验的判断。教师往往会出现熟视无睹的症结,缺少对一些问题的反省意识。因此要使课堂教学评价从经验直觉走向科学规范,就需要使用课堂诊断技术,将定性评价和定量评价结合起来。为此,采用微格分析,可以选择自己的课录下来,然后进行回放分析和反思,从"师生互动"的角度进行量化诊断评价,就每个项目的每种方式进行次数和百分比的统计,科学诊断出自己的课在落实师生互动上存在的优势和不足。这样聚焦微观课堂教学行为,通过观察与诊断,分析教学行为对学生学习和发展的影响,寻求改进自身教学行为的替代策略,从而切实促进观念与行为的转变。

3. 教师与学生并重

对于课堂教学评价,主体不仅仅是教师,更重要的是学生,因为课堂教学最终是为了促进每一个学生的发展。因此,更应该重视学生对课堂的感受和评价。一节数学课结束后,多与学生聊一聊,包括"你对这节课的兴趣""你这节课有提高吗""你觉得这节课怎么样""你觉得这节课难易程度怎么样""你觉得困惑点得到解决了吗?"这也是对自己课堂的客观评价方式。

4. 课前与课后、课内与课外并重

要提高课堂教学质量,必须从两方面落实课堂教学的保障。第一个是课前教师应该认真备好每一节课,将自主探究的理念落实、夯实。课后教师应该及时反思,对每一节课进行高质量的反思是提高教师专业内涵和教学质量的重要环节。教师在课后反思时,应该重点反思:教什么、怎么教、学生怎么学、学习的效果怎么样? 从这些反思中可以增强对自主学习的理解。第二个是重视课内和课外的配合,即家庭教育与课堂教育并重。数学课展示的不仅是教师教育的成果,还包含家庭教育的功劳。尤其是学生习惯养成,学习品质形成方面,更需要家长的配合。教师制定"学生自主学习意识和能力目标行为评价指标体系",对学习态度、学习方法、学习技术、学习计划、学习环境等方面提出具体的目标和要求,在让学生对照学习参照执行的同时下发给家长,要求家长关注并监督这些指标的落实,为学生的习惯养成营造一个全方位的心理场。

（三）操作量表举要

1. 自主探究学习观课诊断表

表 4 - 6　自主探究学习观课诊断表

观察点	观教		观学		
	解释	评价	观察点	解释	评价
目标达成（20分）	教师设定的目标准确、全面，符合学生认知特点、课程标准要求，课上能落实教学目标，达成教学目标。		知识技能增进（20分）	学生掌握了这节课的重点知识和技能，能够熟练应用技能，灵活运用所学知识解决问题。学生能独立完成当堂练习，掌握所学重点内容	
内容处理（20分）	课堂上突出重点，突破难点，能够根据学生的现实起点、兴趣特点，创造性地改造教学内容，使之适合学生，更有利于教师的教与学生的学。		习惯品质形成（20分）	学生有良好的学习习惯，会倾听会交流，回答问题声音响亮，学习品质好，三姿正确，注意力、持久力等品质优良。	
师生互动（40分）	师生之间、生生之间实现情感互动、思维互动，教师有效提问率高、学生有效参与率高，教师引导学生主动探究，在做中学，小组合作学习质量较高。		能力思维提升（20分）	学生学科本体能力、解决问题能力等有提高，会思考爱思考，掌握思考的方法，思维具有灵活性、逻辑性、深刻性、创新性。	
方法运用（10分）	教师能根据教学内容和学生特点，选择适合的方法引导学生进行有效学习，培养学生自主学习意识和能力。		兴趣情感增加（20分）	学生学习兴趣浓厚，情绪积极良好，爱学乐学，课堂氛围和谐，师生关系融洽。	
调控应变（10分）	能恰当地处理课堂上生成的问题，灵活把握课堂，利用生成资源促进学生学习。		创新反思迁移（20分）	具有创新意识，敢于质疑，能够反思学习过程，提取学习经验，元认知能力有所提升。	
综合评价					

2.师生互动课堂诊断表

表4-7　师生互动课堂诊断表

课堂时间分配	讲解	师生问答	学生合作	自学	独立操作	独立思考
频次及百分比						
教师提问分类	判断性问题	事实性问题	程序性问题	评价性问题		
频次及百分比						
学生回答方式	齐答	讨论后汇报	自由回答	个别回答		
频次及百分比						
学生回答质量	机械判断	不能回答	记忆性回答	推理性回答	创新性回答	
频次及百分比						
教师理答方式	不理学生	打断学生回答	自问自答	追问引导	鼓励学生提出问题	
频次及百分比						

第三节　规范学习与习惯养成的思考

规范学习、规范反思、规范习惯不仅对于小学生当下的学习生活至关重要，而且影响着其终生的学习习惯和思维品质的养成。元认知能力的培养和提升是终身的，只有在培养之初养成规范，才能为学生今后的发展奠定良好的基础。

一、如何引导学生规范学习

(一)合理创设问题情境,引导学生自主预习

在小学数学教学过程中,要重视在数学教学中合理地创设相应的问题情境,激发学生自主学习的愿望。教师要采用逐步引导的方式,让学生慢慢形成预习

和自我检查、自我反省的意识,从而养成自主学习的好习惯。

(二)深化问题情境,拓宽学生的思维空间

教师除了在课前布置任务引导学生自主预习以外,也要在教学中根据教学内容深化问题情境,从而拓宽学生的思维空间。教师可以从两个方面深化问题:一是深化问题层次,即使问题的内容层层递进,达到问题深化的目的;二是注重整体目标,即以围绕整体目标深化问题,使教学活动有一个明确的大方向。

(三)注重思维表达,提高自我评价能力

教师要重视让学生表述自己的思维过程,使思维可视化。在思维表达之前,学生要梳理思路,帮助他们巩固所学知识,提升综合能力。在学生思维表达的过程中,教师要对其加以一定的引导,比如说确定一些表达范式:我认为……我们组认为……我同意××(组)的意见,还有几点补充意见……;我不同意×(组)的意见,我(们)认为……;××同学,我有个问题问你……明确学生表达时要注意的问题:认真倾听老师同学说话,老师讲课或同学发言时不能打断别人的说话,有意见等别人说完了再发言。先思考,再表达,有逻辑有重点。能主动提出问题,会质疑,敢于和同学辩论。

(四)开展交流互助活动

认知水平不仅与学生的个人因素有关,还与学生所处的学习环境有关,因此在教学过程中,教师可以多开展一些小组交流活动,从而让学生在互相交流探讨的过程中取长补短。同时,小组交流活动有利于学生之间进行互相监督。小组合作交流要排好号,分好工,小组长做好整体安排,避免活动时无序无秩。

二、规范学习技巧

(一)教给学生基本的元认知知识

认识自我,了解自己的长处和短处,同时加强同学之间的了解。使学生明确学习目标,并对学习内容的难易、深浅有一定程度上的把握。如果学生能正确认识认知对象,就利于控制和调节自己的行为方式。可以定期开展一些交流活动,请同学反思自己学习中的长处和短处,不断更新自己的短期学习目标,确定一个坚定的长期目标,并为之不懈努力。

(二)帮助学生选择思维策略

如形象思维的观察、操作、画图以及逻辑思维的定量等,教师应培养和训练学生自觉地选择使用和调整思维策略。教学中,教给学生一些解题策略,如"数形结合""合理猜想""实验推测"等,使学生体会感悟数学思想和方法。教师要适时给学生上"学法指导"课,教会学生使用适当的思维策略解决问题,同时反思自己。日常的每一节课中,都要注意及时让学生反思自己的思维过程。

(三)在评估检测中培养学生自我监控能力

及时对学生的练习给予反馈,可以采用谈话式、评语式等方式,提示学生找到问题,分析问题。引导学生及时检查与修正自己的认知结果,及时鼓励和反馈信息,提高学生学习的自信心与勇气。

(四)开展形式多样的数学活动

鼓励学生坚持写"数学日记",把自己平时的学习体会和经验得失,及时记录下来,开展讲"数学故事"活动,使相对枯燥的数学知识变得趣味化,如开展"数学竞赛"等,让学生在活动中动手动脑,激发其学习动力,使其主动积极地参与学习活动。

三、引导学生反思自己的思维

(一)引导学生反思思维提升解题策略的方法

1. 学会找错

找到错误原因比盲目改错重要得多。日常教学中,要让学生分析自己思考错误的原因,对比其他同学的正确思路,找到自己思路的障碍点。作业和考试中的错题,要先分析错误原因,通过再次审视题目,发现问题是抄错数了吗?是审题时哪一步理解错了?是计算的时候哪里出问题了等。找到了问题,才可能正确改错。

2. 学会检查

例如,学生计算时易错怎么办?学生普遍都是逐个算式地检查,但由于"先入为主",学生很难找出错误。可以让学生用纸覆盖原先的答案,重新解一遍,两次答案一样才算通过。在各类考试中强调注意点时,如解决填空题,就要求学生做完填空题后,不看答案重新做。在实际教学中,这样做效果比较明显。当学生出现错误时,如果老师能耐心细致一点,给出错的同学"发言权",让学生讨论并总结错误的原因,"失败"将成为"成功之母"。

3. 学会总结

每节课都要总结自己的收获和问题,找到自己哪里提高了,哪里没有学好。收获不仅仅是知识,更应该是思维的方法和策略。要和自己设定的计划比较,也要和老师的方法、同学的方法做比较,找到自己思维的困惑点。

（二）对教师自身做法的反思

1.重视课堂总结并反思课堂知识点和数学思想方法

在实际教学中，课堂小结是容易忽略的部分，往往由于在课堂上忽视了这个环节，导致整个授课环节变成了"虎头蛇尾"之势。每节课的教学都有教学目的，通过五分钟的学生总结就能知道上课结束时是否达到了预期目的，避免小结流于形式。在这个过程中，可以让学生先独立回忆本课学习过程（可以查看课本和草稿），引导学生梳理和巩固要点、难点，使他们形成内化的东西进而形成个人总结。根据学生的能力和课堂教学知识的难易让学生自己总结，其他学生进行补充和交流，最后再由老师总结。

2.引导学生学会总结和反思，在总结反思中体验数学知识的产生过程

一方面使学生更清晰地回味知识，让学生形成良好的学习习惯和思维品质，为学生的终身学习奠定良好的基础。学生总结反思过程中发现的疑问、生成的问题、提出的意见、获得的启示等，真实反映了学生的情感、困难和需求，是非常有意义的课程资源。教师不仅要及时做出回应，而且要利用好这些资源，因势利导，拓展迁移，引导学生进一步领悟知识、掌握方法，引导学生勤于思考、善于思考，不断提高自主学习能力。

3.教师要做好示范

无论是表达、思考与反思，教师都要为学生做好示范，为学生提供好的范式。教师要创设宽松、有趣的情境，让学生敢说想说。挑起话题，增强问题的挑战性、开放性、创新性。示范兼指导，展示自己的思维方式，做好表达和反思的范例，让学生逐步提升表达能力、思考能力和反思能力。

四、监督学生养成良好的学习习惯

小学阶段是学生数学学习的奠基阶段，在小学教育阶段，教师要让学生养成良好的数学学习习惯，保证学生的有效学习，同时为培养小学生数学元认知能力奠定坚实的基础。

1.要培养学生专注的习惯，保持专注是学习效率提升的保证

首先，培养学生的专注习惯要注意学习环境和学习氛围的营造，不论在学校还是在家里，安静的学习环境是学生专注学习的重要的外在条件。其次，教师需要引导学生学会规划时间，例如组织限时训练等，以提高学生的时间利用率。第三，严格督促学生，坚决抵制坏习惯，比如不能一边吃东西一边做事、一边玩耍一边学习等。学生养成了专注的习惯，学习效率就会提升，学生的学习积极性也会

相应提高,无论是课前预习、课上听讲,还是课后复习,学生都能高效率、高质量地完成,这使学生的学习形成了一个正向的良性循环,所以说专注是一切学习习惯养成的开端。

2.要培养学生听说读写的习惯

"听"就是听课,听课时要求学生坐姿端正、认真思考、积极参与。这时,教师的评价作用就显得格外重要,教师与学生合理正确的互动、对学生的积极评价都能起到鼓励、激励的作用,从而提高学生的课堂参与度,有利于发挥学生主体地位。"说"就是规范表达,数学学习同样需要语言的表达,即规范的表达能够增强学生对于细节问题的关注度,有利于避免出现马虎、粗心等问题。"读"就是阅读习惯,良好的阅读习惯为学生的课前预习、做题时审题和自主学习奠定了基础。数学学科教材中的每一句话、每一个词都渗透着一定的数学信息,教师要引导学生学会阅读,提炼相关信息。在审题方面,一定让学生看清要求后再动笔,避免不必要的失误。"写"就是要学生养成规范书写的习惯,书写规范在每一门课程中都非常重要,不仅要把阿拉伯数字写规范,还要把解题步骤书写清楚,画图或画表时,也要尽量画整齐。这样能够辅助学生形成清晰的思路,提高计算的正确率,端正学习态度。

3.要培养学生勤学好问的习惯,敏而好学是学生的一个重要的品质

数学的学习一定要勤奋,面对数量较多、内容复杂的习题,不能退缩畏惧,要迎难而上,努力克服困难。对于那些存在疑问或解决不了的问题,一定要鼓励学生积极主动发问,鼓励学生敢于发问、质疑,以问促学、以问促思。小学生学习数学的活动,说到底其实是思维活动,教学生提问的方法,让学生学会在学习过程中提出有价值的难题,这对培养学生数学学习的主动性非常有帮助。

4.要培养学生独立思考的习惯

一个会思考的孩子才能学好数学。伟大的科学家爱因斯坦曾经说过:"学习知识要善于思考,思考,再思考。我就是靠这个方法成为科学家的。"所以当学生提出问题时,一定要引导他们自己独立思考,认真观察,教师不要急于告知答案,逐步培养独立思考的习惯。训练学生需动手操作的内容要亲自动手,在记忆必须记住的知识时,会思考它的意思是什么,动脑筋想办法把它记住。做习题碰到不会的题,不灰心,从各方面去思考,会选择画图等方法去解决难题。难题解决后,再重新检查和总结解题方法,并把它牢牢记住。

5.要培养学生制订计划的习惯

学期初制订本学期的学习计划,在家学习时,规定好什么时间学习什么功

课。认真遵守自己制订的学习计划,不因看电视或和同学玩挤掉学习时间,努力在规定的时间内完成任务,临近考试时,主动制订复习计划。

6.培养学生预习和复习的习惯

教师每节课前布置预习作业,让学生学会主动预习,阅读教材,尝试解决练习题,了解学习目标,清楚自己的困惑。对于已掌握的知识,再复习,能利用课本上的目录检查自己记住了多少知识。每天回家作业之前先复习今天学过的内容,阅读教材或参考书后,会再一次思考一下重要的知识点。

综上,本节从学习思路、学习技巧、反思行为和学习习惯四个角度介绍了学生规范学习的内容,展示了教师在学生规范学习与习惯养成过程中所起到的重要作用,并提出了相应的指导和建议。本章对小学生数学元认知能力的现状进行了分析,教师们要基于现实要求对学生元认知能力进行培养实践。教学过程中,学生是主体,教师起到的是主导作用,教师对于学生的良好认知能力和学习能力养成的影响可见一斑。因此,作为教师要严格要求自己,认真对待教学,切实为学生的学习和发展考虑,坚持不懈地培养学生的数学元认知能力。

第五章　小学生数学元认知能力研究的分析与结论总结

经过长时间的理论与教学实践研究,我们在小学生数学元认知能力的研究方面取得了一些成果。通过问卷调查,我们分析了学生数学元认知能力的现状,并据此提出了培养学生数学元认知能力的有效策略:心理趋向策略、自主探究策略、形成思维策略、评价反思策略以及提高教师数学元认知教学能力的策略。还总结了实际教学中培养学生数学元认知能力的基本教学环节:提出问题、辨析问题、监控过程、教师点拨、反思体验。

第一节　培养小学高年级学生数学元认知能力的教学策略

在小学数学教学中,培养学生的数学元认知能力旨在教会学生根据自己的特点、数学学习的任务与要求等,灵活地制订相应的计划,并采取有效的策略,实现对学习过程的积极监控、反馈和调节,然后再及时修正策略,从而尽快实现学习目标,让学生掌握数学学习的方法。

一、心理趋向策略

(一)创设生动的情境

课堂中学生的主体参与度主要取决于教师在教学中为引导学生学习而采用

的评价方式和激励机制,以及对学生课堂参与机会的分配等。① 因此,在课堂上,教师要创设能引导学生主动参与的教学环境,激发和促进学生在行为、认知、情感等方面作用让学生主动地、富有个性地参与数学学习的全过程,成为意义建构和数学学习的主体。

当学生置身于特定的学习情境中时,潜藏于学生个体生命中的个性基因才会被激活,学生才会积极投入探究活动,让知识和能力同步发展。因此,创设情境是培养学生元认知能力的首要任务。例如,教学《圆的认识》一课,可以创设这样一个游戏情境:选出 8 个同学一起向瓶子里扔石子。由开始的站成一行,到站成长方形、正方形、再到圆形,在轻松的游戏中,学生们意识到站成圆形才是最公平的竞争,为什么呢? 他们充满了好奇,此时正是探究新知的最佳起点。

创设情境一定要注意以下两点:一是处理好创设生活情境和高效教学的关系。情境应紧贴数学知识,入题要快,以免在这一环节耗费过多时间。教师要及时从生活情境中提炼数学问题,注意激活生活经验方式的多样化,可以选择用语言、行为、实验操作或某些图片去激活。无论如何,教师应该始终关注经验,而不是沉湎于情境的细节。二是避免用生活味完全取代数学味。创设情境不应仅被理解为创设生活情境,还要为学生提供丰富的现实背景,这些背景既可以来自生活,也可以来自数学本身。

(二)使学生获得成功的体验

成功的体验对促进学生良好个性的发展起着重要作用,因此,我们应该在课前或课后通过补课的形式帮助他们查漏补缺。相比之下,课前补课更有效。因为课前补课可以弥补学生与新知相关的缺陷,而在课上,有限的时间和学生个体的差异都使得这样的细致复习不可能达成。提前讲解新知,能让学生形成牢固正确的第一印象,获得课上积极发言的机会,从而获得成功的自豪感。

(三)引导学生构建学习目标

首先,课前引导学生主动预习,自觉构建学习目标。通过完成多种形式的预习作业,引导学生了解课上要学的知识与重难点,关注自己不懂的问题,听取老师和同学的讲解。其次,注意将教学要求转变为学生的学习目标,使目标成为师生互动的磨合点以及激励学生主动学习的起点与终点。

---

① 高焕. 彰显主体参与 追寻有效课堂——小学生数学课堂参与状态分析及其对策[J]. 中小学教学研究,2016(02):16-17.

二、自主探究策略

(一)先体验再回顾

课堂上为学生提供探索的机会,积累自己的感性体会、深刻感悟和独到经验。教学时先让学生自己"尝试解题",接着引导他们"想一想":自己用了什么方法来解答这道题? 还有别的方法吗? 为什么要采用这种方法等;最后再"说一说",通过说,不但回顾了自己的思维过程,还让每个学生通过交流获得不同的解题策略。

(二)及时反馈,不断提高

教师应及时向学生提供反馈信息,并督促学生不断进行反思。比如在用知识解题后,要求学生思考下列问题:

我应该轻松独立地完成哪些题目,在题号前标上记号"!";哪几道题我有点含糊不清,不能有把握地正确完成,在这些题号前打"﹡";而哪几道题我一点都不懂,需要老师再仔细讲解,在这些题号前打上"?"。之后学生要明确:造成模糊与不懂的原因是什么,轻松解题的经验又是什么等学习内容。

每个学生都对自己做了具体的判断,老师及时回收反馈信息,针对学生的不同情况因材施教,让部分学生独立完成,组织另一部分学生进行点拨,最后再组织全体学生反思经验和教训。

(三)加强总结,建构升华

在每节课结束后,要求学生总结本节课的重点知识与方法。每单元结束后,引导学生绘制网络图并归纳整理出各知识点的内在联系,从而连点成线,织线成网,使学生在一定高度上复习所学知识,避免"一树障目,不见森林"。比如,在整理复习"数的意义"时,学生画出了各种网络图:有的画了一棵大树,有的用集合图,有的用大括号……虽然形式各异,却都能展现出知识间的内在联系。通过归纳整理,学生能更好地调整思维过程,从而不断完善数学知识结构。教师要牢记学科的整体性,在关键处及时点拨学生,特别要注意沟通不同学段间知识的联系。例如,在学习了异分母分数加减法以后,要让学生思考:异分母分数加减法为什么要先通分后加减? 小数加减法为什么要把小数点对齐? 它们和整数加减法有什么共同点? 这种引导激活了核心知识,让学生的认知系统形成了有序的磁场。

三、形成思维策略

新课改的教学观要求,教师教学要由"教会学生知识"转向"教会学生学习"、由"重结论轻过程"转向"重结论的同时更重过程"。在教学过程中,教师要重视指导学生的数学思维策略。笛卡尔曾说:"没有正确的方法,即使有眼睛的博学者也像盲人一样盲目摸索。"在学习过程中,有些学生尽管对数学学习有积极主动性,也肯下功夫,但成绩始终提不上来,其根本原因是他们缺乏良好的数学思维策略。因此,教师要注重加强对教学过程的把握,由"重结论轻过程"转向"重结论的同时更重过程",将知识学习和问题解决作为载体,充分展示思维的过程,向学生传授解决数学问题的基本方法和思路。

(一)渗透数学思想方法

由于小学生心理发展的局限性,学习数学时不能触类旁通,碰到陌生的题目就会不知所措,而数学思想方法恰恰是通向迁移的光明大道。例如在教学小数乘法时,要引导学生思考:学习小数乘法,我们可以转化成整数乘法来计算,今后遇到不会的问题就要想办法转化成会解决的问题。想一想以前解决哪些问题用过转化的思想呢? 再猜一猜,今后哪些地方还会用到这种思想方法呢? 学会反思数学思想方法,学生的思维就能更上层楼。

(二)强化训练,优化思维

主要运用三种方法:设误辨析训练法、一题多解训练法和自问自答训练法。

设误辨析训练法指的是教师在教学过程中设置一些错误,让学生进行辨析,促使学生在提高思维批判性的同时,提高自我纠错意识和自我调节、监控的能力。常用的方法有:给出错题让学生找出错因并予以纠正;给出解法,要求学生辨别正误;在解题过程中随机设误,在未告知有误的情况下,让学生主动觉察。

一题多解训练法指的是从题目的结构和思路上进行抽象、概括和归纳,进而形成更高层次的思维模式。如数学实际应用问题——"一堆煤有 4 500 千克,计划 20 天烧完,改进锅炉后,每天比原来节约五分之一,问这堆煤实际比计划多烧几天?"在这样一题多解的训练中,学生可以从最初的一般解法,经过发散思维,到最后发现可以直接用 $20 \div 4 = 5$ 计算。在不断思考、评价和调节的过程中,学生的自我意识会得到不断的强化,最终升华到自觉运用元认知能力的层次上。

自问自答训练法指的是在解题过程的不同阶段自行设问与作答,在不断深化分析问题的过程中,强化解决问题的自我意识与调控能力。比如让学生自问:你是否见过类似的问题? 你能否叙述这个问题? 可能用到哪些公式等问题。训练则分成三个阶段:教师在分析问题时使用这些启发性语句,学生作答或学生互问互答或一名学生问其他同学答,最后再由学生自问自答。

四、评价反思策略

（一）评价学习结果

引导学生从学习结果出发，反省学习过程，就能促进学生元认知水平的提高。尤其要抓好作业评价一环，做到：第一，不拘泥于传统的作业批改方式，可以让学生对照正确答案互批或自批，使他们学会反省自己、评价他人。第二，不急于改错，有的学生看到错号，总是不加回顾，急于改正，有时还会继续重复同样的错误，因此要更重视作业的找错，找出错误原因，用不同的符号标出。第三，不能改过就完，让学生准备一个错题记录本，加强积累，避免重复犯错。

（二）形成多元反思

引导小学高年级学生用日记的形式，记录他们对教学内容的理解、评价及意见，包括在数学活动中的真实心态与想法、得失成败及改进措施等隔一段时间，再对"数学日记"进行反思。低年级学生则每周利用固定时间来集体回顾本周的学习情况，通过老师评价、自我评价和学生之间的评价等，带动学生进行集体和个体反思。教会反思方法，比如让他们从成功或失败的经历中找出相同点，进行"总结性反思"，找出其中的经验或症结，为今后解决问题积累下宝贵的经验。进行"对比反思"，如"假如当初我这样思考，结果会怎样""如果不犯这个错误，结果会怎么样"可以为下一次解决类似情况做好准备。反思的方法可以多样化，但要把反思落在实处，坚持下去。

五、提高教师数学元认知教学能力的策略

如果说上述策略大多针对教学过程，那么还有一条是在教学过程之外却更加重要的，就是对教学过程起掌控作用的教师因素。小学生正处于做人求知的起始时段，更需要教师具备高深的素养，因此训练和培养小学生的元认知能力，教师必须首先做到：

（一）树立训练学生元认知能力的意识

有意识只意味着一种倾向，认知水平的高低决定着行为的质量。教师必须建构这样的认知，即重视元认知能力培养是培养学生高层次能力的法宝。只有重视学生元认知能力的开发，激活学生的主体意识，才能从题海战术中解脱出来，以不变应万变，使学生在数学学习中运筹帷幄，大显身手。

要意识到，重视培养元认知能力，不仅肯定了学生的主体作用，同时也肯定了教师的主导作用。教师应该及时点拨、指导，激发学生学习的积极性，引导他们自觉地探究反思，使学生既有学习热情又有良好的学习习惯和较强的学习

能力。

（二）在教学中展示自己的认知过程

绝不能心血来潮，三分钟热度。在元认知培养过程中，教师应该通过展示自己在教学过程中的调控和决策，来帮助学生学会控制和调节行为。教学时应尽量展示问题解决的全过程，并让学生领会老师这样做的原因，体会这样做的价值，同时传授给学生成功的经验，并向学生介绍失败的经验，看教师在遇到挫折时是如何对待、如何解决的。这种经验是十分宝贵的。

（三）加强课后的教学反思

反思是针对自己的教学实践，着眼于自己的活动过程来分析自己做出某种行为、决策以及产生结果的过程，是一种通过提高自我觉察水平来促进能力发展的手段。通过反思自己的教学，有助于教师教学能力的提高。首先教师应该计划自己的活动，通过活动中的反思观摩发生的行为，就好像自己是局外人，以此来了解自己的行为与学生的反应之间动态的因果联系。然后教师对活动进行反思，并对活动中发生的事件进行分析，得出用以指导未来决策的结论。如此更替，成为一个连续的过程。教师在反思过程中扮演着双重角色：演员和评论家。反思是理论与实践之间的对话，是二者之间沟通的桥梁。例如在笔者执教《组合图形的面积》一课后，分别对教学亮点和不足进行了四个方面的剖析。通过深刻的反思，对自己分析学生、分析教材、创设氛围和引导探究等能力与教育智慧等方面有了清晰的认识，从而提高了自身的教学能力。

学生数学元认知能力的培养需要明确、合理的教学策略。教学策略是指以一定的教育思想为指导，在特定的教学情境中，为实现教学目标而制定并在实施过程中不断调适、优化，旨在使教学效果趋于最佳的系统决策与设计。科学有效的教学策略的设计对教师的能力提出了更高的要求，基于教学的总体考虑，本节总结了包括心理趋向、自主探究在内等五种策略方法，以达到培养小学生数学元认知能力这一教学目标。这些策略根据众多教育领域学者们的观点以及笔者多年的教学经验提炼、总结而来，任何教学策略都指向特定的问题情境、特定的教学内容、特定的教学目标，因此，在教学中要坚持具体问题具体分析，在经验认知的基础上不断优化、创新才能使策略真正适用于学生，才能使教学策略真正发挥功用、发挥价值。

第二节 培养小学生数学元认知能力的教学环节

根据元认知理论,培养小学生数学元认知能力的五个环节是:提出问题、做出计划、监控实施、反思评价、及时补救。通过对元认知理论的学习和对小学生数学元认知能力发展现状和教学策略的调查和分析,我们总结出了培养小学生数学元认知能力的五个基本教学环节:提出问题、辨析问题、监控过程、教师点拨、反思体验。

一、提出问题

这一环节中,教师要充分调动自身的智慧,善于创造性地使用教材,从现实生活中的问题引入,找到数学问题和生活的结合点,让数学问题找到生活"原型"。例如教学五年级上册《列方程解决问题》时,可以出示一张购物发票,呈现购买两件物品的总价,还有第一种商品的单价、数量以及第二种商品的数量,第二种商品的单价被弄脏了,看不清楚了。这一环节中,教师要注意,一是生活问题与数学问题一定要联系紧密,避免为引入而引入,出现两层皮现象;二是这一环节不要耗时过多。

二、辨析问题

(一)提炼数学信息

这一环节中,教师要将提供的生活信息里包含的数学问题筛选出来,这是数学课上的重点之一,学生要学会透过现象看到本质,提炼数学信息。例如上例中的购物发票,让学生根据发票陈述已知条件和所求问题,将发票上的信息组织为一个数学问题。

(二)理解数量关系

这一环节中,教师要引导学生运用画图、列举条件问题等方法分析数量关系,理解题意。上例发票上的数学问题可以画线段图,也可以这样布列条件问题:2 张桌子,每张 45 元;4 把椅子,每把 x 元,一共 168 元。在此基础上,更清楚明白数量关系。

三、监控过程

(一)自主探究阶段

这一环节中,为学生提供自主探究的空间,让学生独立思考,尝试解决问题。

（二）自问自答阶段

自问自答训练法是美国数学家波利亚"解题表"教会学生在解题过程中的不同阶段自行设问与作答,在不断深化分析问题的过程中,强化解决问题的自我意识与调控能力。训练可以分成:教师在分析问题的过程中使用启发性语句由学生作答,也可以学生互问互答或让一名学生问其他同学答,最后再由学生自问自答。例如,一辆摩托车和一辆卡车同时从甲、乙两地相向开出,两车在途中距乙地20千米处第一次相遇,然后两车继续行驶。卡车到达甲地,摩托车到达乙地后,都立即返回,两车又在途中距甲地15千米处第二次相遇,求甲、乙两地的距离。

自问:能否用速度乘时间来计算? 自答:不能,因题中没有提供速度和时间。自问:还能用什么方法求距离呢? 自答:仅仅知道两个距离20千米和15千米,只能用比例解。自问:能否找到甲、乙两地的距离与20千米或15千米的比例关系? 自答:第一次相遇时,两车已走完了一个全程,卡车行走20千米,第二次相遇时,两车走了三个全程,即60千米。自问:这是甲、乙两地之间的距离吗? 自答:不是,60千米中有15千米是卡车回头走的,所以甲、乙两地的距离是60 - 15 = 45千米。

（三）交流提高阶段

这一环节中,教师要让学生充分表达自己的想法,搭设一个交流的平台,促进学生之间的相互学习和借鉴。

四、教师点拨

（一）教师点拨引发思考

教师要用高质量的问题激活学生的思维,从而突出教学重点,突破教学难点。这一环节中,要注意引发学生对自身思维过程的关注。例如上例中的行程问题,教师应该引导学生认识到,解决这个问题的关键点在于我们抓住了第二次相遇行三个全程这一关键信息。教学中应该就实际问题及时提出类似的问题,如"你为什么这样认为""你认为这两种方法哪种更好,为什么""解决刚才的问题用了哪些方法"等类似的问题,这些问题能激发学生积极思考,使其关注自身思维过程,从而不断提高数学元认知能力。

（二）展示思维过程

大声思维是培养数学元认知能力的重要环节。教师应该通过大声思维来向学生示范自我监控的过程和方法。自我监控是活动主体的内在过程,很难被觉察,而且它总是与具体的活动相联系,所以难以被程序化,因此,教师需要提供具体的、外显的指导。教师通过大声思维示范,也就是用语言描绘自己进行自我监控的思维过程,使得思维过程中不可直接观察的心理过程能够清楚地呈现在学生面前。这是一个心理示范的过程,这种示范可以使学生准确认识和体会自我监控调节的过程,减少模糊的认识和猜测。

例如解决这个数学问题:在一个面积为 256 平方米的池塘里,放入 0.5 平方米的浮莲,如果浮莲日长一倍,10 天正好铺满整个池塘。第九天的时候,浮莲的覆盖面积有多大？教师可以大声地展示自己思考及监控的过程:日长一倍的意思是第一天 0.5 平方米,第二天是 1 平方米,第三天是 2 平方米,第三天是 4 平方米,第四天是 8 平方米,第五天是 16 平方米,这样一天天乘 2 算下去,肯定能算出第九天是多少。但这样解题很麻烦,第九天离第十天更近,如果倒着从第十天数起,是不是更简单一些？第十天正好是 256 平方米,那么第九天就应该是 256 除以 2 等于 128 平方米,这样一步就顺利求出了结果。所以当正向思考有难度的时候,要学着逆向思考,这叫正难则反……大声思维的过程展示了教师的思考和监控、调整的过程,让学生学会了如何进行自我监控和自我调整。在教师亲自示范的基础上,也要训练学生进行大声思维的能力,这既是学生对自己思维的展示,也是同学间互相学习交流的机会,更是表达和思维不断促进不断深化的过程。

五、反思体验

（一）反思获得的知识及数学学习策略、方法

可以用填空式小结,引发学生的反思。例如教学《秒的认识》一课时,引导学生进行如下反思:这今天我们学习了（　）数学知识,我知道了 1 分 =（　）秒,体验了 1 秒的长度和 1 分钟的长度,懂得了时间的可贵。通过对比分针和秒针的运行规律,我掌握了（　）的数学思想方法。

（二）自我评价学习过程

让学生回忆学习过程,先对自我的学习状态、热情、方法进行评价,再组织同学之间进行互相评价,并用数学日记记录自己的思考。

教学环节是需要落实到教学活动和教学实践之中的,教师的备课、上课、上课过程中的教学思路设计、课外作业布置与批改、课外辅导、学生成绩的检查与评定等都是不可缺少的,每一环节都在学生的学习过程中发挥着相应的作用。教师只有在教学环节中调动自身的智慧,将对小学生数学元认知能力的培养融

入数学课堂教学过程中,学生才能受到明确的指导和潜在的熏陶,将数学元认知意识始终贯穿数学学习。

第三节　四大领域数学知识元认知培养的具体策略

新课标将小学数学知识分为四个领域:数与代数、图形与几何、统计与概率、综合实践。教师要抓住各个领域的知识特点开展教学,将数学核心素养落实到位,培养数学元认知能力。

一、数与代数

儿童数概念建立有三个关键阶段:从具体的数到抽象的数,建立十进制概念,从自然数到分数。自然数是小学生最早接触的数。他们从牙牙学语的时候就开始数物体的个数,但往往是离开具体的事物就不能清楚地计算和数数了。对于一个小孩子来说,这就是他思维发展的过程,是学生学习数学的第一次飞跃。第一学段中对十进制的认识既是难点又是数学知识的突破。十进制这种位值制建立起来以后,多位数的认识便是轻而易举的了。而从学习整数到学习分数,又是学生认知的一大飞跃。分数的概念和自然数的概念不同,自然数是可直观计数的,而分数是抽象的。对于自然数而言,只有 a 是 b 的倍数时,$a \div b$ 才有意义。所以学生携带着自然数的学习经验,往往认为 $2 \div 3$ 是没有意义的。分数首先是一个数,同时也可以表示两部分的关系、比三个不同含义,这三个方面的深度含义,学生理解起来非常抽象。

(一)自然数的学习

1.渗透一一对应的数学思想

学生初入学,就要学习比多少,这是各个版本的教材都相同的。教学中通过一个对着一个的比较,要让学生学会最基本的数学思想:一一对应。紧随其后的等于号、大于号、小于号也是对一一对应的具体应用。这种数学思想,可以说是贯穿整个小学数学学习的。比如学习分数、百分数的解决问题,按比例分配等都要用到对应的思想,而基础是在此时奠定的。

2.把握从具体—抽象—具体的数学学习过程

数的认识教学中,尤其是刚刚学习接触的 1 至 5 各数的认识教学中,充分让学生体会抽象的作用,感悟数字的抽象性概括性,同时也要认识到演绎推理的作用,根据数字能联系更多的具体情境。自然数是小学生最早接触的数。他们从牙牙学语的时候就开始数物体的个数,但往往是离开具体的事物就不能清楚地计算和数数了。对于他们来说,从具体的物体过渡到抽象的数,难度也是很大的。五个苹果,五个橘子,五个人,五张桌子,这些对于他们来说是具体存在着的,但是从中抽象出 5 这个数字来却是很难的,而这,恰恰是学生抽象思维发展的第一步。一旦从具体到抽象的第一步跨越过去了,数学的力量感马上就展现出来了。小小的数字 5,既可以表示 5 个人,5 个桃子,也可以表示 5 个小动物,我们身边的万事万物,只要是 5 个就可以用数字 5 表示,多么神奇的数字！教师在教学时要充分让学生体验抽象和演绎的过程。既要让学生逐步感悟从具体的事物到抽象数字的过程,不能急于让学生脱离具体事物,要给学生感悟的过程。同时还要在抽象出数后,让学生继续说一说,数字可以表示什么,进一步感悟数的神奇。

3. 突破定势,激发兴趣策略

学生开始学习时容易混淆大于号和小于号。所以学习的过程中,要充分发挥学生的主动性,让学生说一说,自己是如何记住区别这两个符号的。教学中,也可以采取形象化的记忆方法,比如,大于号就是大鱼在前面,那么,符号的大嘴朝前,即＞,小于号就是小鱼在前面,所以小尖嘴朝前,即＜。通过这样形象的方法帮助学生记忆。同时还要注意的是,在大于号和小于号的教学中要给学生渗透一一对应的思想。但是教学时一定要注意及时打破这种画面上一一对应的定势,能及时从形到数,比较两个抽象的数的大小,在图形没有一一对应的时候能够选择适合的方法来比较两数的大小。如,下列比较大小的形式。

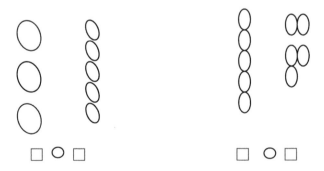

1 至 5 各数的分与合,一要注意引导学生有序思考,能按照一定的顺序去学习和记忆,二要注意一定要采取丰富多彩的形式激发学生学习的兴趣。教材中

提供了一种游戏形式,可以用猜一猜的形式,也可以采取多种游戏形式,比如同桌两人分一分,在桌上画一个圈,随便扔一扔,看看圈内几个,圈外几个等。总之要充分调动学生学习的兴趣。

4.在动手操作中理解十进制

十进制的认识对学生来说是个难点。所以他们有时会把 13 写成 103、十 3 等,原因就是学生对十进制的概念还没有建立起来。教学时,可以借助数学故事帮助学生理解十进制,体会十进制的由来:最初古人计数的方法是数手指,打到的每个野兽对应着自己的一根手指,一根指头代表一头野兽,两根指头代表两头野兽,可是人的手指头只有十个,有一次打到了很多野兽,管理员十个手指都用完了也没数完,这该怎么办呢? 有人想到,可以先把已数过的十只野兽放在一边,用一根绳子捆起来打一个结,表示十只野兽。然后接着用手指数,够十个再放一堆,这样一个结一个结地打下去,不就知道一共打了多少头野兽了吗? 大家都认为这个方法好,负责统计野兽的人用这个方法出色地完成了任务,这也正是十进制的雏形。

教师教学时要注意引导学生在操作、交流中体会,十个一是十的道理。通过摆一摆,说一说,让学生体会到,在个位上这个数字表示的是几个一,十个一就是一个十。突破了这个障碍,真正理解了十进制,多位数的认识就很简单了。

(二)关于分数的学习

1.整体把握分数的意义,对"分数的认识"的整体分析

把单位"1"平均分成若干份,表示这样一份或几份的数叫分数。

2.学生学习分数的困难

学生学习分数和小数,都是在三年级进行初步认识,高年级进行再认识。学习小数需要两个知识基础,一是分数的初步认识,二是整数的位值制(数位顺序表)。生活中的元角分是认识小数的重要介质,因此学生学习小数难度不大。在自然数集里,乘法运算总是可以进行的,但是除法却不行。引入小数和分数后,除法运算才能畅通无阻。学习分数时学生存在不少困难,主要表现有:

(1)分数的意义的丰富性、分数迁移应用的复杂性及分数表示的特殊性造成了学生学习的困难。分数不仅能表示一个具体的量,也能表示比率、商、度量、和运算。分数的意义给学生的学习带来了困难,分数丰富的意义使得分数在具体情境中的运用变得复杂,在具体情境中需要对分数表示的具体含义进行辨析,这也给学生的学习带来了困难。具体表现为常常把表示量和率的分数混淆,这

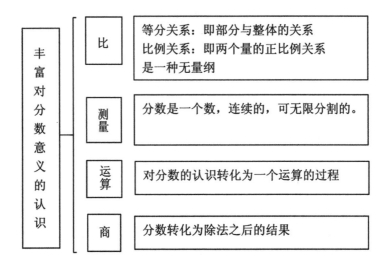

图 5 - 1　分数的意义

种认识上的模糊甚至一直持续到学完了分数的再认识,仍然不能解决。如,一直到毕业班的考试中,遇到这样的题目学生依然不能正确解答:一根绳子长 2 米,平均分成 5 段,每份是全长的几分之几? 每份长多少米? 这和教材的编排方式也有关系。教材无论是三年级分数的初步认识阶段,还是五年级的再认识阶段,都没有清楚区分"量"和率,给教师的教和学生的学带来了一定的困扰。

(2)单位 1 从一个到多个,这种从个体到群体的变化,对于学生来说是很抽象的,他们理解单位 1 的可分性和相对性较为困难,他们往往认为若干几分之几就是几个物体,比如二分之一就是 1 个物体,四分之三就是三个物体。因此要注意从整体—部分这样的角度来认识分数。

(3)分数表示两个量之间的关系,教材中更强调的是部分和整体的关系,忽略了部分和部分之间的关系,这也导致学生对单位"1"的认识模糊不清。例如:把一个长方形平均分成 4 份,一份涂上阴影部分后,图中不仅仅有四分之一和四分之三,还可以有分数三分之一。因为阴影部分也可以和空白部分比较。理解部分和整体的关系时,教师还要理解"整体"和"相等的部分"这两个概念,相等不表示全等。例如,下图中,已知三角形 ABC,D 是 BC 边的中点,这里三角形 ABC 表示"整体",三角形 ADC 是二分之一吗?

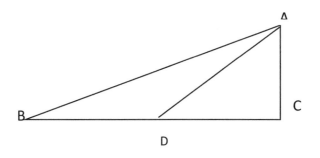

图 5 - 2 三角形中的分数

对于这些内容的理解模糊,也导致了学生理解分数的内涵出现,尤其在解决稍复杂的问题时,往往出现困难,思维的深化受阻,其根源就在于对分数意义的深度理解。为此,我们尝试了新的策略:在三年级初步认识阶段,将北师大版三年级数学第六单认识分数进行了如下的整合,即将分数的量和率分别教学,具体课时安排如下。

3.分数学习的策略

(1)第一课时认识分数表示"量"。自然数除了表示一个具体的数量以外,还可以表示两个数之间的关系,比如 6 是 3 的 2 倍。那么分数和自然数一样,既可以表示一个具体的数量,也可以表示两个数之间的关系。这节课就要先学习表示数量的分数。这节课中分数一直作为具体数量出现,让学生充分认识,分数可以表示具体的数量多少。通过学生的观察与操作,体会出分数可以表示具体的大小、多少、长短、轻重等。

(2)第二课时进行练习,强化对分数表示数量的认识。让学生用画图的方法解决下列问题:

$\frac{1}{6}$个长方形加 $\frac{1}{6}$个长方形,是多少个长方形?

3 个 $\frac{1}{3}$米是多少米?

1 米减去 $\frac{1}{6}$米,还剩多少米?

一个月饼减去 $\frac{1}{4}$个月饼,还剩多少个月饼?

3 块月饼,平均分给 4 个同学,每个同学分多少块月饼?

课堂实践中,多个学生画出了这样的图来解决最后一个问题,证明他们对分数表示一个数量有了深刻的理解,能独立解决五年级分数学习中分数与除法的问题。

3个$\frac{1}{4}$块月饼就是$\frac{3}{4}$块月饼

图5-3　用画图的方法表示3个月饼平均分给4个同学

(3)第三课时学习分数大小的比较。在认识了分数表示数量后,即教学分数大小的比较,主要基于以下考虑:分数大小的比较,实际是比较分数作为一个数的大小,与表示两个部分之间的关系无关。在按照教材思路教学的过程中,常常会有学生产生困惑提出问题,$\frac{1}{2}$和$\frac{1}{4}$比大小,学生会问,是谁的$\frac{1}{2}$,谁的$\frac{1}{4}$？标准量一样吗？但是在自然数比较大小时,他们不会有这样的疑问,其根本原因就是没能把分数抽象地想成一个数,和自然数一样,$\frac{1}{4}$可以表示$\frac{1}{4}$个苹果,也可以表示$\frac{1}{4}$个西瓜,$\frac{1}{4}$个比萨……在学习了分数表示一个数量之后,引入大小比较,让学生的注意力集中到分数比较的方法中来。

(4)第四课时学习表示两部分关系的分数。(标准量是一个物体)这一课时从自然数表示两个数的倍数关系入手,明确18是2的9倍,但18就是3的6倍,关键原因是标准不同了,第一句话中标准量是2,第二句话中标准量是3,所以结果不同了,因此确定标准量很重要。然后让学生认识到什么时候需要分数表示两个数的关系呢？一个是不能得到整数的时候,比如18是7的几倍呢？另一个是比较量比标准量小的情况下。比如2是18的(　　　)呢？这样学生理解到分数也可以表示两个数之间的关系,并且懂得了分数和自然数之间的联系。在此基础上,出示下图(5-4)并提出问题:白色部分是黑色部分的(　　　　　)

黑色部分是整个长方形的(　　　　),黑色部分是白色部分的(　　　　)。

每个问题都需要学生明确出标准量是谁,这样的学习,将自然数的倍数和分数表示一个数是另一个数的几分之几联系为一个整体,将知识连线成网,帮助学生深刻理解分数的意义,形成了完善的知识结构。

图 5 - 4　分数的认识

（5）第五课时认识表示两部分关系的分数（标准量是一个整体）。在初步认识分数阶段，教材已经将单位 1 的认识从一个物体扩展到了一个整体。学生对知识难点容易受抽象整体包含的物体数量的影响，而不能从"部分—整体"的角度来进一步认识分数。因此这一课时将分数表示"整体与部分"（部分与部分）的关系作为重点，从分数的角度进一步深化"两个量的关系"，带领学生尝试在两个或多个没有联系的元素之间建立新的联系。

（6）第六课时进行"量"和"率"的综合练习。数学课堂可以开启学生的心智，帮助他们学会观察思考，掌握方法，提升数感程度，这可以看作是数学课堂的直接功能所在。同时，数学始终是用以解决生活中的客观问题，满足社会发展的需要。对于小学生来说，深度理解分数的意义，用所学知识解决生活中的问题，会加深对数学知识的理解，体会到数学的巨大作用，进一步激发数学学习的兴趣。围绕这两个基本任务，设计一些生活中的分数让学生说一说它们所表示的意义。其中既有表示数量的分数，也有表示两部分关系的分数。同时也要注意激发学生逆向思考，如根据露出的三角形是全部三角形的 $\frac{1}{3}$（露出来的三角形可以是一个、两个、三个、四个），画出全部三角形。练习进一步深化了学生对分数意义的理解，同时训练了学生的思维能力。这样将"量和率"分别进行教学，有利于学生弄清分数的不同含义，从本质上理解分数。

（三）数的运算

1. 情境入题要快，要能为理解算理提供支撑

目前的计算教学，多以情境创设引入。教学情境是一种特殊的教学环境，是教师为了支持学生的学习，根据教学目标和教学内容有目的地创设的。创设情境能够将计算置于生活之中，使学生体会数学与生活的密切联系，帮助学生理解算理。计算教学时创设情境的表现形式可以是生活情境、故事情境、活动情境、竞争情境、问题情境等。创设情境一定要注意以下两点：一要从情境中及时提炼

数学问题,避免在情境中流连忘返;二要注意,作为教师,始终要把经验作为关注点,而不能沉湎于情境的细节之中,同时避免用生活味完全取代数学味。创设的情境不能仅仅起到一个敲门砖的作用,还要为理解算理提供支撑。所以教师在充分认识情境在教学中作用的同时,也要防止出现认识上的片面性。

2.典型算法的呈现要全面完整,算法多样化后要有效沟通,帮助学生把握算理之间的联系

现在的学生接受知识的渠道越来越多,学习任何知识对于他们来说都不是零起点。因此,计算教学也要注意把握学生的现实起点,让学生展现自己对计算的理解。只有抓住学生的问题,展现他们的典型算法,才能帮助学生深刻理解算理,熟练算法,纠正以往的错误认识。因为认识渠道的多元,所以学生算法的多样化也成为一种必然。学生算法多样化,教师首先要尊重学生的算法多元,第二,要引导学生的认识提高,不能就让学生停留在原有的认知水平之上。要优化算法,体会不同算法的适用性。第三要引导学生总结反思沟通多种算法的联系,深刻理解算理。例如在教学两位数乘两位数时,可以借助药片的图片情境引入:每板上有 16 粒药片,12 板有多少粒药片呢? 让学生先试着算一算。可能有学生利用实际的图片和以前的运算基础,计算出 10 板一共 160 粒,2 板 32 粒,合起来是 192 粒。也可能会有学生把这样的思路用横式表示出来:$16 \times 10 = 160$,$16 \times 2 = 32$,$160 + 32 = 192$。还有学生会用竖式计算,但竖式计算中最容易出现的问题就是对位的问题,关键原因是学生对算理的不明晰。因此在汇报交流阶段,教师不但要让学生都学会用竖式计算这一基本技能,还要引导学生发现这几种算法之间的联系,将实物图、横式计算、竖式计算对应起来观察思考,不但能厘清算法,更能明晰算理,帮助学生学会竖式计算的正确对位。

3.不同阶段的计算要及时沟通联系,帮助学生把握数学实质

学生学习整数加减法的各个阶段,都是用"相同数位对齐"来计算的,包括乘法的竖式计算,在整数阶段,都是末位对齐计算。这对学生来说是一种正迁移,很容易顺势迁移过去。但学习除法竖式时则成了一个重要门槛,很难跨越。因为除法竖式中包含着除法、乘法、减法三种运算,形式也完全不同于以往。因此,这就要求我们在初学除法时,要引导学生弄清楚减法与乘法都是除法的来源。减法是往回数的计数策略,乘法是按单位量跳着往后数的计数策略,除法的计数策略则具有减法与乘法的基因,按单位量跳着往回数。如果在初学除法时能按照这样的思路让学生体会其意义,那么在学习笔算除法时,则学生很容易跨

越这一门槛。

学习整数的加减法与后期学习的小数加减法计算、分数加减法计算也是相通的,这需要教师高屋建瓴,引导学生沟通联系,提高认知。可以在学习后及时引领学生学会思考:整数加减法要将相同数位对齐,小数加减法要将小数点对齐,分数加减法必须要将异分母分数转化为同分母分数才能相加减等,只有单位相同才能相加减,这样的引导与沟通能够有效地帮助学生理解数学实质。

二、图形与几何

1. 抓住图形的本质属性

学生只有掌握了图形的基本特征,才能正确分辨各种图形的本质区别,在培养学生的识图能力中,进行变式训练是深化学生表象的重要途径,同时也只有通过训练才能使学生更好地区分图形的各种因素,确定哪些是主要的,本质的,哪些是次要的,非本质的,从而使他们形成的表象更加清晰。如在教学等腰三角形时,当学生初步建立了等腰三角形的概念、了解等腰三角形的基本特征后,教师要及时变换等腰三角形的形状、大小和位置,供学生观察判断,有效巩固对等腰三角形的理解与掌握。

另外,在培养学生识图能力中,还可以改变其本质属性,让学生正确区分图形,形成相应的知识体系。如在教学平行四边形时,平行四边形的本质属性是两组对边分别平行,如果把其中本质属性进行不同的变式,就会出现不同的几何图形。如果使其中一组对边不平行,就变成了"梯形";如果使平行四边形的一个角成为直角就变成了长方形;如果使平行四边形的一个角变成直角,同时四条边相等,就变成了"正方形"。这样,教师引导学生通过分析,比较各图之间相互联系,就可使学生建立相应的知识结构体系,有助于丰富学生的空间观念和逻辑综合。

2. 注重实践体验是培养空间观念的重要途径

皮亚杰说,空间观念的形成不像拍照,要想建立空间观念,必须有动手做的过程。这个过程,不仅是一个实践的过程,更是尝试、想象、推理、验证、思考的过程,只有这样,学生才能把握概念的本质,建立空间观念。

学生认识各种几何形体的特征,理解各图形的面积,体积计算公式的来源,都需要借助于直观演示、动手操作等感知活动来完成。要按照儿童认识事物的规律,引导学生正确运用各种感官,如参与观察、动手操作等感知活动,帮助学生形成图形的表象,得到正确、清晰的概念。比如在认识长方体时,让学生拿出自己准备的长方体,让学生先摸一摸长方体的面,有规律地边摸边数(按照上、下、左、右、前、后)再看看长方体有几个面,同时观察每个面是什么形状,哪几个面是完全相同的,有几组相对的面,相对的面大小有什么关系等。在学生操作的同时,教师再结合进行演示,出示涂有三种不同颜色的长方体,将三组相对的面一一揭示下来,贴在黑板上,帮助学生更好地认识长方体各个面的特征。(也可以结合多媒体课件的演示)同样在认识"棱"的特征时,也让学生摸一摸,有顺序地数一数、量一量棱的长度,再看一看哪些是相等的。教师出示涂有不同颜色的长方体框架,让学生动手量一量相对棱的长度,使他们明白相对棱的关系。(也可以结合多媒体课件的演示)同时通过量一量和算一算每个面的面积的大小。这些操作加深了学生对长方体特征的认识。通过这样从三维到二维,再从二维到三维的反复转换,使学生不断认识、了解、把握实物与相应图形的相互转换关系,空间观念就会在脑中渐渐形成。

想象是学生依靠大量感性材料而进行的一种高级的思维活动,在几何知识教学过程中,要培养学生按照一定目的,有顺序、有重点地去观察,在反复观察的基础上,让学生展开丰富的空间想象。如在讲圆锥体时,圆锥的高,学生看不见,摸不着,较难掌握,教师就要用模型演示,并进行实际操作,让学生细致观察,从而帮助学生形成表象。抽象出圆锥这一概念,教师可以用圆锥教具沿底面圆直径到圆锥顶点切开,让学生观察到切开后横截面是一个等腰三角形,它的底边正好是圆锥底面圆的直径,从圆锥顶点到底面圆心距离就是圆锥的高。教师还可以在黑板上画一个草图标出圆锥的高,这样使得抽象的概念变得形象、具体了,便于学生理解,初步形成一定空间想象力。

空间想象力的形成需要实践和操作,但是教学中也要注意让学生逐步脱离操作,培养空间想象力。例如学习梯形面积公式推导的时候,因为学生已经具备了一定的知识基础,长方形、平行四边形、三角形的面积公式推导已经奠定了平移、旋转、拼接、转化的基础。因此,可以尝试让学生在脑海里想象如何推导梯形面积公式,思考转化前后各部分间的关系,然后用语言叙述出来。如果想象有困难,再实际拼一拼、摆一摆。

又如让学生解决一个这样的问题:将一个长 5 厘米,宽 4 厘米,高 3 厘米的长方体,平均分成两个小长方体后,表面积最多增加多少? 最少增加多少? 对于这样一道题,首先教师要让学生想象这样一个长方体,长方体的六个面分别由 5×4,5×3,4×3 组成。沿上、下两面平均分,将会增加两个上下面(5×4),沿左、右两个面平均分将会增加两个左右面(4×3),沿着前后面平均分,将会增加两个前后面(5×3),学生有一定的空间想象力,在头脑中就容易形成长方体,这道题就不难解决了。对于那些想象有困难的学生,要引导他们先动手画一画,然后再想一想,这样其空间想象力也能逐步形成。

3.用运动变化的观点教活几何初步知识,有助于空间观念的深化

几何初步知识中的许多概念之间有内在联系。教师如果在教学中用静止的观点组织教学活动,容易使学生对概念产生片面性的理解,为以后的继续学习造成一定的障碍。如果用运动变化的观点组织教学活动,就为学生正确理解和掌握概念形成正确的空间观念铺平道路,真正起到发展思维活动,促进技能提高目的的作用。如:在教学"角"的概念时,由于学生以前对角已有了初步的感性认识,教材是用射线的概念给角下定义,并说明角的各部分名称,如果教师不注意用活教材,只是照本宣科地生搬硬套,从一个顶点引出两条射线就形成一个角的概念,在一定程度上就限制了学生的思维,给学生进入中学阶段学习任意角制造了障碍,为了避免这种弊端,教学中可以让学生动手制作角的学具,找两个硬纸条把它们的一端钉在一起,旋转其中的一个硬纸条,让学生观察它们所形成的各种不同的角。由此,还可以得出,角可以看作是一条射线绕着它的一个端点旋转而成,同时教师还可用"教具钟"进行演示,把钟的时针作为角的一条边,教师拨动分针反复进行演示,使学生意识到,两条射线沿着共同的端点旋转可以得到大小不同的角,在此基础上学生可以很快认识锐角、直角、平角和周角。又如在圆的概念的教学中,教师可以这样来教学:用一条线一端固定,另一端拉紧绕固定端点旋转一周形成圆。这样圆的一些性质就很清晰了,如半径与直径的关系、半径的性质等。同时为学生将来学习抛物线和双曲线等奠定了很好的基础。

4.反思梳理知识点之间的横纵联系,形成知识网

从一维的周长到二维的面积、三维的体积,它们之间都是有联系的。教师在教学中要帮助学生理解它们之间的联系。

(1)长度单位、面积单位、体积单位都学习完毕,可以放置到金字塔中,通过比较总结发现,常用的相邻长度单位间进率是10,如果隔一个进率就是10×10,如果隔两个进率就是$10 \times 10 \times 10$。同理类推,相邻的面积单位间进率是10×10,如果隔一个进率就是100×100。相邻的体积单位间进率是$10 \times 10 \times 10$,如果隔一个进率就是$1\ 000 \times 1\ 000$。这和周长、面积、体积的计算方法也是相契合的。

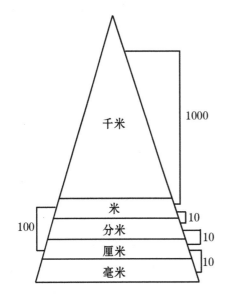

这里可以向学生介绍十米和百米，使学生理解相邻长度单位进率是十，也可以深刻理解米和千米的进率。瞧，这位二年级同学画的金字塔，在千米和米之间留出了很大的空隙，就是留给十米和百米的。有的学生看着金字塔，总结出了千米和厘米和千米和毫米之间的进率。在梳理面积单位的金字塔时，要向学生介绍公亩这个单位，在公顷和平方米之间还有公亩这个单位。这样才能理解相邻面积单位之间的进率是100。

图 5－5　长度单位金字塔

(2)平面图形周长的计算都归总到"围成图形一周的长度"这个概念。三年级在学习了长正方形周长后，让学生理解，周长相等的情况下，长和宽越接近，面积越大，直至成为正方形，此时面积最大。学习了圆形以后，周长相等的图形中，圆形的面积最大。这些知识间的联系，可以让学生通过结合生活发现，结合数学故事体会，更要通过计算来观察、思考和验证。例如，生活中的餐桌大多为圆形就是考虑了面积的原因。再如，可以给学生讲迪多公主用牛皮圈地的故事：迪多公主流落到地中海沿岸的国家，拿出首饰和当地的酋长换土地，酋长既想得到首饰，又不想给公主更多的土地。于是拿出一块牛皮，让公主用牛皮圈地。公主怎么做的呢？她把牛皮撕成长条，用它沿着海岸线围出了一个半圆形。那么这时候，教师可以假设一个牛皮的长度，让学生试着算一算，围成正方形、圆形和半圆形土地的面积分别是多少，从而自己探索并发现规律。

(3)平面图形的面积公式推导是以长(正)方形为基础展开的。推导时都是运用转化的方法，将未知转化为已知。引导学生反思这些面积公式推导的过程，找到它们之间的联系，并引导发现，转化前后不变的是面积，转化前后什么变化了，变化前后的关系是什么。同时也要发现各个面积公式之间也是有关联的，当梯形面积公式中的上底变为0，就成了哪种图形，面积公式怎样；当梯形的上底和下地相等呢？立体图形的体积公式推导则是以长方体体积公式为基础，通过转化变形继而得出的。通过对比总结，引导学生发现，上下两个面相等的直柱体的体积都可以用底面积乘高来计算。这样的总结，让学生学会运用联系的眼光学习数学，将数学知识连点成线，织线成网，学生也会越学越聪明。

5. 运用多媒体课件，帮助学生形成空间观念。

空间观念的形成与几何初步知识的教学密不可分，学生对几何形体的再现，对周长、面积、体积的计算，小学生由于年龄和知识结构的局限，往往离不开这些几何实体，而依赖于头脑中对物体的形状、大小和相互位置关系的形象反映，这就要求学生必须有一定的空间想象能力。空间观念的培养，依赖于学生多种感官的参与，依赖于空间想象能力的发展，应用传统教学手段虽能体现教学目标，但收效甚微，由于多媒体教学具有色彩丰富，能化静为动，化虚为实，化繁为简，化抽象为直观，不受时间、客观和微观的限制等特点，具有传统教学手段所无法比拟的优越性，多媒体教学大大增强空间几何知识的教学效果。

三、量的计量

量的计量属于图形与几何领域的一部分。把这部分内容单独阐述，是因为小学阶段学生要学习的计量内容不多，却是教师教得最辛苦，学生最难掌握的知识内容。审视一下就发现，学生对计量单位的理解、掌握是计量知识中的难点，比如学生对 1 平方分米有多大，平方分米和平方米之间的进率是多少等问题能对答如流，而当问及为什么 1 平方米等于 100 平方分米，课桌桌面的面积大约是多少之类的问题时，学生的表达常常出现滞涩。究其原因，还是感性认识不到位，亲历过程，体验感悟不深。

基本度量单位包括长度单位、面积单位、体积单位、质量单位、时间单位等，虽然量的对象不同，但是度量的本质是相同的，实际上就是比，度量长度是用规定的线段长度与要度量的对象进行比较，看有几个这样的规定长度，它的度量值就是几，度量面积和体积同样也是如此，是用约定俗成的统一的正方形面积或正方体体积，与所要度量的对象进行比较的结果。同样的本质，决定了它们有着共同的教学特点和认知过程：体会所有度量单位的产生都是实际度量的需要；体会统一度量标准的必要性；通过多种活动对度量单位形成直观表象；会用度量单位的个数来表示度量值。教师在教学时，应该采取以下策略：

1. 产生度量需要，体会统一单位的必要性

度量单位的产生是人类祖先的伟大发明，是前人智慧的集中体现，是度量的

核心,它的统一是使度量从个别的、特殊的测量活动成为一般化的,在更大范围内应用和交流的前提。所以,我们在教学中,要努力开发这些知识的形成过程,体会统一标准的必要性,发挥其育人价值。例如,在教学"厘米的认识"时,就可以用一个生动的故事来引发学生认识统一单位的好奇心。"有个小矮人,别看个子小,做的衣服可好了。有一天,来了一位老爷爷,要给他的孙子做衣服,他告诉小矮人,自己的孙子身长3拃,小矮人记录了下来,老爷爷走了他就开始认真地做衣服。1拃,2拃,3拃。衣服做成了,老爷爷取走了衣服,又生气地回来了,说小矮人做的衣服太小了。明明告诉你做成3拃,怎么做成了2拃呢? 小矮人觉得很委屈,明明是做了3拃啊,怎么成了2拃呢? 同学们,你知道是怎么回事吗?"在这样生动的情境中,学生感受到标准不同,测量结果就不同,有必要统一度量单位。

2. 重视学生的第一次感受,形成表象

小学生对初次看到的、听到的事物常常留下深刻的印象。教师要善于利用第一次,使之成为学生学习的有效动力。因此在认识每个计量单位的第一节课,教师要充分联系学生已有生活经验,创设有效情境,让学生对计量单位进行体验感悟,让学生在自己动手动脑动口中真切地经历知识生成过程。教师要设计丰富多彩的活动,让学生经历摸一摸,看一看,画一画,找一找等过程,调动多种感官参与体验,并且在体验的过程中,把度量单位与学生熟悉的事物建立联系。例如可以让学生将1厘米、1分米、1米的长度与手指的宽度、1拃的长度,1拓的长度之间建立联系。在教学面积单位时,可以将1平方厘米、1平方分米、1平方米与学生食指的指甲面大小、粉笔盒的一个面、大约14个同学的脚印建立联系。这样的教学过程中,还要注意引导学生不断反思调整,从而帮助学生形成清晰的具有实际意义的直观表象。

3. 通过变式呈现,经历度量过程

一般情况下,我们是这样确定度量值的:先确定度量单位,然后看度量对象中包含了多少个度量单位,度量值就是多少。但是实际的测量中,常常会遇到不规则的情况,比如度量曲线的长度、度量土豆的体积等,这都需要学生灵活运用转化的思想,将不规则的情况转化为规则的情况来度量。因此教学时,教师要注意呈现方式的多样性。例如教学1平方厘米时,既要让学生明确边长是1厘米的正方形面积是1平方厘米,还要让学生认识到1平方厘米不一定是边长1厘米的正方形,还可以是其他形状的图形。这样就凸显了度量的本质,即看度量对象中包含着多少个这样的度量单位,度量值就是多少。

四、统计与概率

随着社会、经济、信息技术的发展,统计在科学研究和社会生活等方面显得越来越重要。加强统计与概率的教学,顺应了社会的发展。小学数学涉及"统计与概率"的内容不多,但是其承载的育人价值不少。了解统计与概率思想,可以养成尊重事实用数据说话的态度与习惯,逐步形成数据分析观念和数据解读能力,有助于以随机的观点来理解事物,形成正确的世界观和方法论,切实提高解决实际问题的能力。教学中要做到:

1.创设真实的统计情境,让学生体会统计的作用

真正使学生对数据产生亲切感并有所体悟,仅靠童话式的虚拟统计情境是远远不够的。必须通过真实的问题,让学生感受数据蕴涵的信息,体会数据信息的现实意义。真实问题对于学生来说,是最富有亲切感的。例如,从学生自身的学习情况入手,统计自己在数学学习中的单元测试各类知识点的扣分情况,了解自己的弱项,并加强内容练习。这样的情境和问题,具有现实性,是学生学习生活中最常见的问题,让学生体会到统计的作用。

2.让学生经历统计活动的全过程

让学生经历统计活动的全过程,就要让学生作为问题解决者去了解、思考问题并拿出自己的方案,尽量凸显解决问题的过程。可以从要解决什么问题入手,明确为什么要统计,然后弄清楚怎样统计,用什么方法收集数据、解决问题,围绕怎样呈现数据、分析统计结果、总结统计过程展开,研究如何以有效的方式收集和处理受随机性影响的数据,通过分析数据对所考察的问题做出推断和预测,从而为决策和行动提供依据和建议。

3.在活动中体验数据分析思想

统计与生活实际是密切联系的,在收集数据、处理数据以及利用数据进行预测、推断和决策的过程中包含着大量的活动,完成这些活动需要正确的统计思想观念的指导。统计的学习要强调让学生从事简单的数据收集、整理、描述、分析,以及根据统计结果进行判断和预测等活动,以便渗透统计的思想,建立数据分析的观念。通过收集数据,学习收集数据的方法,感受收集数据结果的不确定性和多样性;通过整理和描述数据的活动,学习表示数据的方法,体会统计图表在统计工作中的作用;通过分析数据并根据统计结果进行判断和预测的活动,学习分析数据的方法,感受用统计量分析数据的合理性和可行性。通过从事统计全过

程的活动,让学生认识统计在社会生活和科学领域中的应用,感受统计学最基本的思想,建立数据分析的观念。

五、综合实践

"综合实践"在小学数学领域已经是一个重要的话题。"综合实践"以问题为载体,以学生自主参与为主,通过操作实践、小调查、小研究让学生解决实际问题。这部分内容,既保留着传统数学教学内容的数学味道,又有它独特的重要色彩。

1. 突出综合性

"综合实践"不但在内容上综合了生活与数学,而且将数学思维方法也综合起来。"小小商店""打电话""节约用水"等基本上所有的综合实践内容都来自生活。学生需要综合运用已有的数学知识,解决生活中的实际问题。同时,每一个综合实践活动都需要学生综合运用多种数学思维方法。因此教学时,教师要注意通过组织活动,引导学生运用"迁移""类推""优化"等数学思考方法,并综合操作性、实践性、探索性等多种学习形式,多角度、多途径解决实际问题,增强学生创造能力。

2. 体现实践性

综合实践活动是引导学生做数学的过程。可以有学具操作,走访调查,搜索资料,合作研究,书写报告等形式。活动的地点可以是教室,也可以是操场上,还可以扩展到校园和家庭。例如,学习"确定起跑线"可以先带学生到操场上,通过观察和思考,让学生弄清楚为什么要站在不同的起跑线上,各跑道的起跑线应该相差多少米。再如,学习"节约用水",可以让学生调查近三周家里的用水情况,计算出每天的用水量,同学之间交流对比后,提出节水建议,制作节约用水的手抄报。

学习兴趣是学生力求接触认识研究某种事物的心理倾向，是在探索实践活动中发展起来的。学习兴趣是学生最好的老师，兴趣是学生学习最直接的动力，学习兴趣不仅能激发小学生的动力，更能激发小学生学习的欲望。学生如果对数学产生兴趣，他们就会酷爱数学学习，持久地集中注意力，保持清晰的感知力，激发想象力和创造思维的能力，产生愉悦的情绪体验，形成"爱学—会学—学会"良性循环。教师在培养和锻炼学生的元认知能力时，要注意用情境激发学生的学习兴趣、用数学魅力深化学生的学习兴趣、用会学维持学生的学习兴趣、用学会牢固学生的学习兴趣，才能让学生更加自在、快乐地在"元认知"的智慧海洋里遨游。

教学设计是影响教师教学实践行为的决定因素，是教师教学理念的内化并转化为具体教学实践行为的一个中介。注重对学生"元认知能力"的培养，我们要从教师改变教学设计开始，因为教学设计的改革是教师对新理念进行实践体悟和运用的第一步。小学数学教师在设计教学内容时，要有意识地提升学生的课堂参与度与参与的质量，不仅要引导学生"积极参与"，更要引导学生"有效参与"；要时刻关注学生的学习过程、学习思维和学习目标，带领学生正确认知，从而保证教育教学的效果；要学习信息技术助力数学教学改革腾飞；要善于将数学游戏运用于数学教学的设计与实践中，做数学游戏的创造者，还要积极反思自我，做一个不懈的思考者。

第六章 小学生数学元认知能力培养课例

　　学习兴趣是学生在学习过程中最好的老师,是学生学习最直接的动力。古今中外的教育家都重视学习兴趣在教学中发挥的作用。因此,小学数学教师必须培养小学生对数学学习的兴趣,只有这样,小学生才能真正主动、积极地学习数学、参与数学活动,最终收获数学的成果。在小学数学教育教学的过程中,我们培养和提升小学生的数学元认知能力,同样也离不开学习兴趣的支撑,教师需要重视和激发学生的学习兴趣。

　　本章重点讲述了小学数学教师在教学过程中应该如何唤起、巩固学生的数学学习兴趣,提出了"激发兴趣,搭建核心支柱""创设情境,数学文化引路""妙用旧知,发挥已有经验""面向全体,尊重个体差异""动手动脑,优化思维体验"五个重要的教学方法,并围绕这些教学方法,分类列举了在教学中培养小学生数学元认知能力的课例,进一步为理论指导提供了教学实践的支撑。

第一节 激发兴趣,搭建核心支柱

　　学习是一个苦乐交织的过程,因为探索和发现需要我们不断克服困难、刻苦努力,同时在这个过程中,我们能不断发现自身的潜能,获得一种不断超越自我的快乐和成就感,从而进一步产生学习兴趣。学习兴趣是保证学生快乐学习、坚持学习的重要支柱,是一个人在某一领域深入探究的核心支柱。

学生对一门学科产生的兴趣离不开教师的引领，好的老师能够给予学生发现快乐的眼睛。古人云："教人未见其趣，必不乐学。"教师要重视培养学生的学习兴趣，营造良好的学习氛围，综合运用各种恰当、科学的方式将学科知识巧妙地呈现出来，让学生喜欢数学、爱上数学。

一、用情境唤起学习兴趣

教学情境是一种特殊的教学环境，是教师为提升学生的学习质量，根据教学目标和内容有目的地创设的。创设数学教学情境有利于数学的高度抽象性和小学生思维的具象性之间矛盾的解决，使学生更好地体验数学中包含的情感，让原本枯燥、抽象的数学知识变得生动形象、饶有趣味。这些情境的形式可以是生活情境、故事情境、活动情境、竞争情境、问题情境等。如教学《长正方体表面积与体积的比较》时，用小猫冬天为什么蜷着身子睡觉做例子穿插全课；教学《加法结合律》运用"朝三暮四"的成语故事等。

教师在创设教学情境一定要注意两点：

一是处理好创设生活情境和教学高效性的关系，情境应该紧贴数学知识，入题要快，以免在这一环节耗费过多的时间。这就要求教师要及时从生活情境中提炼数学问题，避免在情境中流连忘返，还要注意生活经验的激活方法是多种多样的：可以直接用语言、行为、实验操作或图片去激活。无论如何，作为教师，要始终把经验作为关注点，不能沉湎于情境的细节之中。这是"数学生活化"有助于小学生数学学习的根本所在。例如教学"分数的初步认识"时，可以安排一次切割活动，比如分月饼、分西瓜等，但这时他们的数学思考会淹没在食物本身中，而把平均分的数学思考抛到一边。那么在教学时可以创设这样一个问题情境：你能拿出或说出半个物品吗？这样的情境不是具体的生活情景，但学生在表达"半个"这一经验认识时，都以各自浮现的生活情境作为支撑，如此一来生活情境的干扰因素都排除在外了。

二是避免用生活味完全取代数学味。创设情境不应该仅仅被理解为创设生活情境，为学生提供的丰富现实背景既可以来源于生活，也可以来自数学本身。因此，教师在充分认识情境在教学中的作用的同时，也要防止认识上的片面性。

二、用数学的魅力深化学习兴趣

(一)数学好玩

小学数学教师的任务绝非只把教材上的基础知识教给学生，这样充其量是个搬运工。为了丰富学生的数学知识，提高学生的素养，进一步促进学习兴趣的深化,教师应该充分开发数学的课程资源,将数学世界中有趣的史料、故事和游戏等引入课堂,让学生感受到数学是好玩的。学完了质数、合数,能被2、5、3整除的数,可以设计这样的问答猜数游戏:"我想了一个数,你来猜?""是质数吗?""能被2整除吗?""它比50大吗?"在有趣的游戏中既巩固了数学知识,渗透了区间套的思想,又培养了学生学习数学的兴趣。数学的海洋里有无限的宝藏,牵起孩子们的小手,到数学海洋里寻秘探宝,就一定能让他们感受到数学的丰富多彩、妙趣横生。学完长方体、正方体后给学生介绍欧拉公式,复习了《平面图形的面积》后,讲迪多公主用牛皮圈地的故事。学生可以在丰富多彩的数学活动中内化所学的数学知识,增强自己的数学底蕴。

（二）数学有用

数学始终是人类掌握世界的一种工具,它被用来解决生活中的客观问题,满足社会发展的需要。对于小学生来说,用所学的数学知识解决生活中的问题,能加深他们对数学知识的理解,也能使他们体会到数学的巨大作用,进一步激发数学学习的兴趣。因此在教学中既要加强"日常数学"到"学校数学"的上升,又要做好由"学校数学"到"现实生活"的复归。课堂上师生主要解决的是简单的理想生活问题的解决与判断。这类问题是经过人为加工的,虽然素材来源于生活,但和真正意义上的生活还是有距离的,它们是真正运用数学知识解决问题的过渡阶段。

我们还应该加强的是小学生应用数学知识解决与判断现实问题的能力。比如应用有关面积的知识让学生解决这样的问题:一个房间长4米,宽3.2米,高3米,如果地面铺边长0.4米的方砖,应买多少块? 这时候学生可能轻松用$(4 \times 3.2) \div (0.4 \times 0.4) = 80$块。接下来将房间的长度改为4.3米,学生再用$(4.3 \times 3.2) \div (0.4 \times 0.4) = 86$块。这时候教师要引导学生发现,这次,房间的长度不是正好包含若干个地砖的边长,而且铺地砖的时候,为了美观,也要尽量避免打结拼接,那么这时候应该怎样解决呢? 其实这也恰恰是数学和生活的区别所在。教师应经常运用数学知识解决这样的现实问题,不但能激发学生的学习兴趣,还能提高学生的应用能力,促进学生所学知识的融会贯通。

三、用会学维持学习兴趣

仅仅有学习的热情,而没有学习的方法,那么兴趣难以持久。因为不是遇到疑难问题只要一有热情就可以化解。常遇难而受挫,常受挫而气馁,那么热情也就化解掉了。所以要让学生会学,这是维持学习兴趣的原动力。苏霍姆林斯基说过,如果你只靠表面看得见的刺激来激发学生学习、对课程的兴趣,那就永远也培养不出学生对脑力劳动的真正热爱。因此数学课上要教会学生"数学地思考",提升思维、打造智慧、掌握解决问题的方法。

(一)为学生提供思维的空间、材料和方法

教师上数学课,要让学生既长知识,又长智慧,因此,课堂上只要是适合的内容,都应该给学生创设独立思考、动手操作、探究交流的机会,让学生成为活动的主体。同时更重要的是,教师要以高质量的问题激活学生的思维状态,促使学生的认识再上一个新台阶。合作时教学生学会倾听表达,小组内分好工、编好号、定好责,小组长实行轮换制,让每一次合作都不流于形式。听课时,引领学生抓住每一个知识点背后隐藏的思想,教他们学会概括总结;思考时能根据题目有针对性地利用画图、列举、实验等方法,这样才能使学生思维热闹灵活起来,是以学为本的真正体现,更是提高教学质量而不搞题海战术的根本所在。

(二)减轻学生学习的负担

减轻负担并不仅仅指减轻作业的负担,也包括减轻课上的学习负担。如果能学得轻松、质量又高,学生当然就更愿意学了。因此教师在课堂上既要化简学生记忆的负担,引导学生用最少的字概括方法,记忆必须记住的内容;又注意降低学生对知识理解的负担,教师应该出手时就出手,点透学生的困惑,促进学生有效知识建构。定时布置预习和复习,按时下发预习提纲并进行预习提示与学法指导,及时引导学生厘清脉络连点成线、织线成网,形成完整知识的结构,让学生更好地学习新知,并高屋建瓴地审视所学知识,理解知识的来龙去脉。

四、用学会牢固学习兴趣

让学生学会知识是教师教学的目的之一。学生只有学会了,才会愿意学习,更是因为学着有趣,才会蓄足学习的后劲。那些优秀生自然不会出现学习的困难,关键是那些学习上的学困生,因为基础差、习惯差,往往听不懂老师的讲解,跟不上班级的步伐。因为不会,他们对学习渐渐失去兴趣,久而久之,也会丧失自信心。对一个学困生来说,听不懂、学不会,还要坐在那里被迫听课学习。让学生特别是那些学困生学会知识,激发他们的学习兴趣,这是每一位教师都要考虑的重要课题。

教师在教学中,应该注意发现学生的进步,及时表扬和鼓励学生,多为学生创设成功的机会,让学生扬起自信的风帆在学习之路上不断前进。更重要的是,教师可以通过课前或课后补课的方式帮助学生查漏补缺。相比之下,课前补课更有效,因为课前补课可以弥补学生与新知相关的缺陷,而在课上,时间的有限性和学生的差异性都使得这样的细致复习不可能实现。提前讲解新知，有助于学生对知识点形成牢固正确的第一印象，也能让学生获得在课堂上积极发言的机会，从而获得成功的自豪感。

第二节　创设情境，数学文化引路

文化者，以文化之者。凡一切非自然的、由人类自身创造的物质与精神财富，均可视为文化。数学文化，就是以数学家主导的数学共同体在从事数学研究活动中所创造的物质与精神财富。显性的，如具体的数学知识及其物化的呈现形式，而隐性的则为内蕴于具体数学知识、过程之中的数学方法、数学思想、数学观念、数学精神、数学反思等。作为一名数学教师，研究数学文化，就要关注实践层面上数学文化对于学习者的影响和改造。背离了这一点，一切关于数学文化的探讨只能停留于理念层面，而无法转化为实实在在的数学影响力和生产力。数学文化的教育功能集中体现在对学生的数学科学文化素养的全面培养和提升；数学思维的抽象性可以牢固信念并挑战智力，数学推理的严谨性可以培养良好的思维习惯和品质，数学知识的系统性和问题的复杂性可以培育坚强的意志和学习态度，数学的不断累积性可以激发创新意识、开阔历史视野，数学的永恒竞智性可以提升超越自我的内在力量，数学的审美驱动性可以完善对数学美的情感体验。数学文化不能等同于数学加文化，数学的文化性应求之于内而非诉之于外。

一、培养数学学习情感

新课程标准指出，数学教学要培养学生积极的情感体验。因此在数学课上我们要培养学生的学习兴趣，激发学生热爱数学的情感。教学中，应该努力创设一些生动有趣的情境，使学生更好地体验数学内容中的情感，使原本枯燥的、抽象的数学知识变得生动形象、饶有趣味。情境的表现形式可以是生活情境、故事情境、活动情境、竞争情境、问题情境等。

创设情境应该注意以下几点：首先，创设的学习情境要具有生活性。数学来源于生活，服务于生活，把数学问题生活化，教师可以让学生根据自己的生活经验和理解，亲身体验情境中的问题。学习内容越贴近熟悉的日常生活，学生自觉接纳知识的程度就会越高。从生活情境中引出数学问题，感悟数学问题，引起兴趣，激活思维，让学生积极主动地投入学习和探究活动中。

其次，创设的学习情境要具有趣味性。教师结合教学内容创设游戏或者竞赛等情境，能够充实教学内容、丰富教学形式，让学生在处理这些情境的实践活动中学习新知识、运用新知识，体会数学学习的乐趣，收获成功的喜悦。例如，教师可以创设一个让学生进行自我演示的教学情境，促使学生积极主动地动脑、动手、动口，这样可以有效地激发学生自主探究的学习兴趣。

最后，创设的学习情境还要具有探究性和价值。教师应该选择生活中有意义的事件来作为学生学习探究的情境，这些事件包含的问题需要适应小学数学教学的需要，要能与学生已有的知识经验产生冲突矛盾，还要能吸引学生的注意力，激发学生智力探索的兴趣。此外，教师创设的学习情境还应该以教材为出发点，与教学内容相联系，体现知识的发展过程和价值，帮助学生准确理解知识的内涵。

二、感受数学的理性精神和火热激情

我们应该清楚，数学应该是"以知怡情"的学科，我们更希望学生能形成冷静的理性分析和客观的研究方式。因此更要注重让学生感受到：

1. 力量感

刚入学的时候，学生只能计算 10 以内的加减法，慢慢地，能进行百以内的、千以内的，以至更大数字的计算；有的解决问题不会解答，可是学了方程式后感觉知识变得非常简单了。如果不断学习，应该感受到数学带给人的力量是无穷的。比如读书，有的书读过之后感觉和自己想的一样，而有的书却是如果不看这本书，一辈子都想不到的。因为有的问题是很多数学家苦思冥想了很久才解决的，如果学会了，在一节课里就进步了几百年。在教学时，教师要不断带领学生回顾反思，回忆昨天还不会的问题今天就会了，随着数学学习的深入，自己掌握的思考路径和解决问题的方法更多了，那么学生对数学的看法就会不同了。

2. 解放感

刚开始学习时，有许多清规戒律。比如，能算 5 - 3，3 - 5 就不能算了，但是学了负数以后就行了。学生刚学习除法时，6÷3，6÷2 能算，6÷5 就不能算了，学了小数分数后就解放了。引导学生认识到数学带给人的解放感，他就会感觉到数学的力量，会更加热爱数学。

3. 成功感

要让学生体会到数学自身的魅力，体会由智力满足带来的快乐。这就要求我们要让学生形成学会——会学的良性循环，让学生体会思考的快乐，掌握思考的方法，只有这样才能获得成功的自豪感。

三、体味数学中的美

数学是美的,在冰冷而严肃的表面下蕴含着热烈的数学思考。试问,哪一个公式和概念的推导没有经历深刻的思考、缜密的探究呢? 教师要引领学生体会数学之美。

1.让学生经历探究过程

要给数学文化寻找有效的渠道或载体,探究交流不失为让学生体会数学文化的有效渠道。理解和吸收缄默形态的数学文化,需要问题,需要追问,需要玩味,需要交流。通过学生的活动体验探究,可以使数学文化得到有效渗透,而且探究融入了数学问题,能有效促进学生的发展。在自主探索的空间中,加上教师有效的指导,学生不但能学会知识,也能形成善于思考不怕失败勇于坚持的性格,在自主探究中体会思考带来的乐趣,反省自己的思维方式,感悟思维的魅力。

2.教师要善于挖掘数学美

数学中的美无处不在。黄金分割比 0.618 是最迷人的数字,要让学生们感受到 0.618 是"真善美"的统一体,其应用之广、效果之理想是无与伦比的。如写字时,如果握在笔杆长度的 0.618 处,就会书写又快又省力,还能使字体优美;冬天暖气的温度调节为 23 ℃时,与人体体温 37 ℃之比正好接近 0.618,我们会感到舒适;教师讲课时所站的最佳位置,应在讲台宽度的 0.618 处,这是可以更好地展现我们的表情,声音效果也会发挥到最好;更奇怪的是人体的许多比例都是 0.618,如果符合这一最佳比例,它能使人看上去很美,且能使人用最少的能量支出,获得最好的运动效果,若比例不符合黄金比,爱美的女士们总爱穿高跟鞋,可是高跟鞋的高度不是越高越好,人的肚脐是全身的黄金分割点,你可以计算一下自己的比例是否合理……伟大的数学家毕达哥拉斯说过,在一切平面图形中圆最美。教师在教学中可以设计多媒体课件展示圆的美。例如正三角形围绕着它的中心旋转所留下的运动轨迹,一个椭圆围绕着圆上任意一点旋转所留下的轨迹,一条线段围绕着它的中点旋转,这时美轮美奂的圆形出现了。在这个过程中,学生会发自内心地感叹数学之美。

四、还原数学历史

教学中应该结合所学内容,适当介绍一些数学历史知识,丰富学生的数学文化。例如,在学习计时方法时,可以向学生介绍古人只能用"日"和"夜"来计时,后来利用太阳的影子确定时间,再后来,利用滴水和滴沙的方法计算时间。最后发展到用钟表计时,这样就更准确了。在学习认识方向时,向学生介绍指南针可以增强学生的民族自豪感。当然了解这些数学历史只是一种重现,重现历史是为了还原历史背后的真相,并让这些真相说话,实现对后人的教化功能。数学是有历史的,也是有渊源的。很多数学知识,其背后都有着火热的数学思考。比如,0 为什么不能做除数？这不是简单的规定,而是因为 0 做除数时,结果或者不确定,或者结果不存在。比如,小学数学教材中说,两个数相除又叫作比,结果就有学生提问,比就是除法,现在已经学习了除法,为何还要学比呢？其实,学生追问的是比的缘起。世间万物不仅有可度量的属性,如时间、长度、质量、体积等,还有不可度量的属性,如形状、速度、浓度等,这些不可度量的属性,它们是怎样比较的呢？这时教师可以这样解释:可以找到两个相关的、可度量的量来刻画不可度量的属性,这样两个量的对等关系就构成了比。比源于度量,比也包含了度量。古希腊传说中,阿基米德就是通过度量皇冠的体积和质量,得到这两个量的比,最终才解决了这个皇冠是否掺进了银的问题。这就需要教师具备数学史的素养,才能明白数学上的规定不是没有原因的。数学特级教师刘德武在教学《用字母表示数》一课时,就带领着学生经历了像数学家一样的探究过程,从乘号容易和字母 X 以及小数点混淆,一直引导学生自己想办法,在这个过程中实现了对新知的建构,这是值得我们学习和借鉴的。

五、感悟数学人生

教师要做人师而不是经师,数学课也是学生人生起飞的加油站。很多简单的数学知识原理不但教会学生理性的思考,也蕴含了深刻的人生哲理。同时教师也要注意抓住教学中的契机,对学生进行人生观教育。例如在教学《圆的周长》一课时,让学生测量学具圆形的直径和周长,发现直径和周长的关系。此时,会有部分学生出现有误差的数据。教师不应该回避这些数据,而要真实再现这些数据,引领学生找到原因,让学生形成严谨科学的态度和诚实负责的人生态度。再如,教学分数分子分母名称时,可以引导学生发现,分母如同母亲,不辞辛苦地托举着孩子,从孩子小的时候,一直到和自己一样高了,比自己高了,都一直这样,从没有丝毫的怨言,让学生在数学知识中受到润物细无声的熏陶。

课例 1:《分数乘法练习片段》

新课结束后,完成作业纸上这样一道连线题:

$$\frac{1}{2} \times \frac{3}{4} \qquad \frac{15}{7}$$

$$3 \times \frac{5}{7} \qquad\qquad \frac{3}{8}$$

$$\frac{3}{8} \times 6 \qquad\qquad \frac{9}{4}$$

$$\frac{4}{7} \times 4 \qquad\qquad \frac{1}{7}$$

学生自己连线,大部分学生毫不犹豫地把 $\frac{4}{7} \times 4$ 连向 $\frac{1}{7}$,一部分学生犹豫不决,另一部分学生没有连最后一道题,还有几个学生把 $\frac{1}{7}$ 改为 $\frac{16}{7}$ 和 $\frac{4}{7} \times 4$ 连起来。

订正交流后,我请学生谈一谈体会。

生 1:我把 $\frac{4}{7} \times 4$ 和 $\frac{1}{7}$ 连起来,是因为我把 4 和 4 约分了。这回我记住了,分数和整数相乘时,整数要和分数的分母约分,而不能和分子约分。

生 2:做到第四题,我觉得只剩一道题,必然连向剩下的最后一个结果,所以根本就没算。我记住了,下次还应该认真计算。

生 3:我觉得这道题是自己算错了,算了好几遍,闹了半天,还是老师出错了。

生 4:我想不管是老师还是课本都有出错的时候,我们应该大胆指出来。

上述回答真实地反映了现今数学课堂上学生的心态和认知,学生有这样那样的心理是很正常的,前三种回答表现出学生受定势的影响和对权威的迷信,小学生因其自身的发展特点与学识水平决定了在这方面表现会更突出,如果教师反思一下原因,就不难发现,课堂上教师的思维惯性与教学方式是"病根"。而人生的起步就是从小学开始,怎样认识问题则是起飞的基础。新课标特别强调对学生人生观、价值观、情感态度的培养,而这些的形成绝不是一蹴而就,在小学生的生活里,课堂居于主导地位,正是通过教师对每一堂课充满睿智的引导与把握,才会使第四种回答在学生大脑中留下标记并逐渐加以刻板化。第四种回答正体现了新课标的先进理念,"疑"是新之始,没有怀疑则没有进步,更没有创新。知道怀疑权威就是打开了创新的认识之门,对小学生而言,能够形成"怀疑"意识,这是教师在课堂上需要把握的第一要务,之后才能上升到敢于怀疑和会怀疑的层次,没有前者,后者只能是枉谈。

可见,做事认真不凭经验,不盲从有自信,知道怎样认识问题等这些人生态度并不空泛,并不遥远,它就蕴藏在每一节数学课上,教师只要细心,就会成为播种者。

课例 2:《百分数的应用教学片段》

百分数的应用(课尾的练习):

五年级甲班有 48 名同学在年级举行的读书活动中,需要每人购买一本单价 5 元的书。书店对购买 50 本及以上者打 9 折优惠。请你为他们设计一个最佳的购书方案。

生 1:$5 \times 48 = 240$(元)

生 2:$5 \times 50 \times 90\% = 225$(元)(全班统一买 50 本)

生 3:$5 \times 48 \times 90\% = 216$(元)(与他班合买)

讨论:你认为哪种方案更好?

生 4:我认为第二种方案最好,因为这样不但省钱,还能多出两本书来。

师:你们打算怎样处理多出来的这两本书?

生 4:把它卖给其他班。

生 5:把它送给贫困地区的同学。

师:老师为你的爱心感动,相信其他同学肯定也赞成你的建议。

生 6:我认为第三种方案最好,因为这种方案最省钱。

师:你们能够想到与其他班合作,也非常棒。

在这一环节中,教师只是对于学生怎样处理多出来的两本书进行了引导,对于第二种方案和第三种方案没有进行比较。其目的是要让学生通过课堂感受两种认识:第一,数学其实就是生活的学问,课本只是一个载体,把课本所学转化为学生身边的东西,既让学生体验到生活中处处充满着数学气息,又在这种体验中提升了解决问题的能力。第二,课堂提供给学生体验生存实践的机会,这比教师给出一个最佳答案更有价值。因为生存之道千万条,把课堂还原为真实的生活,学生得到的不仅是思维的方式,还有生活的方式,这也正是智慧教育的理念之一。

课例 3:《质数与合数片段一》

高质量的问题有助于学生思考与阅读习惯的养成——考量"教师的先行者角色"。

新课伊始,教师板书课题,质数与合数。

师:通过预习,大家已经知道了今天的学习内容是质数与合数。老师想问问同学们,今天我们学习质数和合数,教材一开始就让我们填出 20 以内数的因数,还要数出个数,这是因为什么,在看书前你想了吗?(这个问题提出来让学生思考,需要 2 分钟)

学生的回答基本一致,当时没有想,老师一提示就明白了,质数与合数肯定与一个数的因数的个数有关系。

师:带着问题去读书才会越来越聪明。那么对于今天要学习的知识,你们还有哪些问题呢?

生 1:20 以内质数多还是合数多?

生 2:质数和合数到底有什么区别?

生 3:怎样判断一个数是质数还是合数呢?

教师引导进入探究环节……

……

教材不仅是教师教的,更是学生学的。总有些时候,尤其是在上公开课的时候,老师怕学生提前知道了要学习的知识,因此不敢让学生读书,担心不能按照自己的预设进行教学,于是学生懵懵懂懂跟着老师走,不知道到底在做什么,为什么做这些事情。而实际上,预习读书是学习的良好习惯,我们应该鼓励学生读数学书,先预习后上课,教师则要抓准学生现实起点进行教学。文本承载的知识价值与能力价值是人类发展进程中智慧的结晶,其本身的经典性、简约性、严谨性是让学生掌握知识也是培养良好情感、习惯和价值观最有效的载体。数学阅读不是简单地读、看、念,由于数学的严密性、逻辑性和抽象性,数学阅读更需要教师的点拨和引导。这就需要教师用高质量的问题激活学生思维,让他们学会边思考边读书。问题的提出可以在课前也可以在课中,关键是问题要具有一定的预见性和启发性。教师相对于教材和学生来说是先知者,应该思考这些内容对于学生来说理解的难点在哪里,把问题设置在难点、重点、易错易混点上,学生把问题想清楚后就厘清了知识脉络,捅破了大脑上蒙着的迷糊纸,这也恰恰是教师作用的体现。如果我们持之以恒,培养学生思考读书的习惯,无异于给他们插上了一双数学的翅膀,在数学世界里自由飞翔。

课例 4:《质数与合数片段二》

不断反思有助于学生掌握策略与方法——考量"教师的渔者角色"。

学生汇报 20 以内数的因数及个数并找出哪些数是质数,哪些数是合数。

师：你们能用自己的语言来总结一下吗，什么样的数是质数，什么样的数是合数？（生答略。）

师：同学们总结得已经很好了，打开书看看，书上是怎么总结的，一起来读一读。

师：能不能用最少的字来概括一下这两个概念呢？

生总结最后教师在黑板上板书：质数：只有两个因数；合数：有两个以上因数。

师：那么1是质数还是合数呢？为什么？

学生充分发表自己的见解后，教师肯定1既不是质数也不是合数。

师：请学号是质数的同学起立，组成红队，学号是合数的同学起立组成蓝队，是谁哪个队都没参加啊？为什么？以后学号是质数的同学组成一个队，学号是合数的同学组一个队，他们组织辩论赛，你可不能参加。告诉他们"我既不是质数也不是合数"，你当裁判就行了。

学生记忆，把自然数按照因数的个数进行分类。

师：同学们，回想一下刚才的学习过程，你掌握了什么样的记忆方法了？

学生回答后教师小结：抓住关键点和把问题放在生动的情境中都是记忆的方法。

授之以鱼不如授之以渔，教师应该始终铭记自己的角色。在这个片段中教师引导学生用抓住关键的方法来总结记忆概念，有效减轻了学生学习记忆的负担。让学生掌握好的方法，才是减负的根本。及时引导学生反思自己的学习过程，其实就是培养数学的元认知能力。

在教学过程中教师要给学生提供探索的机会，不管是成功还是失败，他们都会积累自己感性的体会、深刻的感悟、独到的经验。教师在教学时可以让他们自己去解题、总结、实验、记忆等，在活动后引导他们想一想，说一说：自己刚才在解题（实验、总结、记忆）的时候运用了哪些方法？为什么用这种方法？在这样的回顾过程中，不但反思了自己的思维过程，使学生对自身解决问题的过程进行了再认识，在交流中还能学到不同的解决问题的策略，对自身和他人的学习过程、思想方法有所了解，并能及时改进自己的学习策略。

课例5：《质数与合数片段三》

把数学知识学深讲透——考量"教师的智者角色"。

师:现在能不能判断一个数是质数还是合数了?

引导学生学会利用概念进行判断,同时还要找到简洁的方法,即找不到第三个因数就是质数,能找到第三个因数就是合数了,不必把所有的因数都找出来。

师:12996832 是质数还是合数? 为什么? 87963215 呢? (生答略。)

师:有的数我们一眼就能找到第三个因数,比如刚才这两个大数,虽然很大,但是同学们判断得既准确又迅速。有些数则不是那么容易看出来第三个因数,怎么办呢? 就以 91、121、143 为例,请大家试一试。

有的学生根据末位数字考虑,判断出两个数相乘会得到这个末位数字,然后逐个去试。有的学生用质数去试除。教师引导总结出普遍适用的方法。

师:一般情况下,先看这个数有没有因数 2,如果有,就不用再找了;如果没有,就要看有没有因数 3,接下来,看不看 4? 为什么? 再来就该看是否是 5 的倍数了,那 6 还试吗? 7 和 8 呢? 看来得拿质数去试! 所以熟记 20 以内的质数非常有必要。

接下来让学生记忆 20 以内的质数。

教学时生成了一个没有预设的问题,有学生问:"如果一个数很大,比如判断 1591 是不是质数,总也找不到第三个因数,试到多少就可以停止呢?"

教师引导学生充分发表意见后,告诉学生,因为因数都是成对出现的,1591 接近 1600,1600 分解为两个相同的数相乘是 40 乘 40,所以试到 40 以内的质数就可以了。再举个例子,2367 接近 2500,试到多少就可以了? 3029 呢?

没有扎实的基础就谈不到学生的发展,数学课上必须要让学生扎实掌握相关的数学知识。这节课要让学生学会判断一个数是质数还是合数,要掌握找因数的方法:用质数去试除。

作为教师要有远见,应该能预见到学生今后在找因数、最大公因数等问题中,常常遇到困难。对于 91、121、143 等没有因数 2、3、5 的合数经常束手无策。

这节课上把这一知识点进行了深入挖掘。学生能生成自己的问题,并且是一个很有深度的问题,恰恰证明了教学已经促使学生思考,开启了心智,达成了对这一知识的深入理解。因此教师就要注意对知识点的深入挖掘和先行思考,不能浅尝辄止,心中不但有本节课的重难点,还要有下节课、下个单元、下册书、整个学习历程,这样教学才可能深入,学生才可以学透,达到融会贯通的目的。

课例6:《质数与合数片段四》

用教师的数学底蕴带领学生更上层楼——考量"教师的'师者'角色"。

课尾,引导学生思考为什么要学习质数与合数。

师:你能把18写成两个或两个以上比它本身小的数相乘的积吗?

学生汇报,教师板书:$18 = 1 \times 18 = 2 \times 9 = 3 \times 6 = 1 \times 2 \times 9 = 1 \times 3 \times 6 = 2 \times 3 \times 3 \cdots\cdots$

师:如果老师规定分解出来的数都是质数,会有几种情况? 发现质数的作用了吗?

学生回答后教师作总结,有了质数,就能用唯一的式子来表示一个整数了。

师:那么数学家为什么规定1不是质数也不是合数呢?

引导学生认识到,如果1是质数,刚才的式子就不唯一了。

数学学习中有许多问题是人为规定的。比如"四则运算的顺序",为什么确定为"先乘除后加减"呢? 就是为了保证结果的唯一性,至于为什么不规定"先加减后乘除",是因为日常生活中需要先算乘除的时候更多一些。为什么规定1既不是质数也不是合数呢? 就是要保证用唯一的式子表示一个整数。这些知识不是学生自己可以探究出来的,也不是自发可以生成理解的,这里需要教师的引导。有了引导,学生对于数学知识的理解深刻了,对于数学知识的发生发展清楚了,会以更浓厚的兴趣去学习数学。对于他们来说,头脑中建构了完整的知识体系,学得更透彻,适用更灵活。这就需要教师要有较高层次的数学理论背景,能自觉地运用数学基础理论的观点处理教材,只有自己具备深厚的数学底蕴,才能真正带领学生更上层楼。

课例7:《方程的认识片段一》

课始围绕学生的易混点展开教学。

《认识方程》一课是学生从算术到代数的飞跃。对算术方法的学习造成了一种思维定式,学生往往不习惯让未知数参加运算,这是学习方程的难点。是避开学生的易混点强化新知,避免学生的错误出现还是让学生暴露思维上的定势,围绕着问题展开教学,选择后者无疑更能让学生暴露错误,才更利于教师捅破学生大脑上蒙着的迷糊纸,也更利于学生认识的提升。

因此在出示主题图后(平衡的天平,一边是5克的砝码,另一边是一个樱桃和 2 克的砝码。），先让学生用语言叙述图中的等量关系，然后让他们说说数学的等式。可能会有学生说 5 - 2 = 3，也有学生会说 a = 5 - 2。这时候教师可以让学生先讨论 5 - 2 = 3 这个式子与其他同学列的等式有什么不同。在学生充分发表见解后，及时点拨，我们不是要求出未知数是多少，而是要让图中的已知数和未知数都参加运算，列出一个等式来，所以不能这样列。接着可用充满童趣的语言告诉学生，a = 5 - 2 是符合要求的等式，但是我们一般不让未知数自己躺在一边睡大觉。这样课始的一拳就敲在了痛处，经历了错误，暴露了思维，这是学生学会的良好开端。

课例 8 :《方程的认识片段二》

课中渗透数学思想方法。

小学数学的知识是浅显的，但蕴含的数学思想方法是深刻的，要让学生受用终身。因此数学课要在教会知识的同时教会学生数学的思想。

首先为学生构建完整的知识体系。这节课学习方程，课始明确，当天平平衡时用" = "连接，这样的式子是等式，当天平不平衡时，要用大于号小于号连接，是不等式。今天我们一起学习的是等式中的方程。这样学生厘清了知识间的思路，促进了对知识的理解，不会只见树木不见森林，而且，能为今后的学习打下良好的基础。

其次，预设知识的同时预设思想。遇到问题首先找出数量间的相等关系，这是布列方程的关键，因此解决每个实际问题之前都要让学生先找到等量关系，然后再列方程，训练学生要着眼整体知识，用数学的眼睛提炼数学的式子。同时及时引导学生自己总结反思出这一方法，培养学生的数学元认知能力。在遇到稍难的问题时，往往不容易一下子找到等量关系，这时候应该教会学生构建数学模型，架起一座理解问题的桥梁。教学中可以将生活中的实际问题做素材，例如创设老师到山西出差参加活动的情境:刘老师从家里带了 1500 元钱，在山西停留 6 天，预交了 5 天的食宿费，现在还剩下 800 元钱。每天的食宿费是多少钱？当这个问题出示后，肯定会有学生感到难以解答。教师可以适时提醒他们用画图的方法分析题意，找到数量间的相等关系。切不可在不解题意的情况下就盲目列式。如果有学生不能画图分析，可以把这样的同学请到讲台前，单独和他们一起画图分析，找到等量关系，然后让他们自己回去列方程解决问题，这样尊重差异的理念得到了充分体现，学生感觉困难的问题得到了落实，不同层次的学生最后都得到了发展。

最后,在生成中渗透思想。教师在教学中要善于抓住学生的生成,及时渗透数学思想方法。有的学生看图列出了 $y+y+y+y=72$ 和 $72=4y$ 这样的方程,应该首先肯定正确,然后让他们自己说一说这两个方程与 $4y=72$ 的区别,最后在他们自己总结的基础上,告诉他们要学会化繁为简,还要知道抓住问题的实质进行分析。

课例 9:《方程的认识片段四》

课后延伸学生的数学学习情感。

这节课的最后一个环节是这样设计的:课前送给学生们每人一张书签,书签背面有一些关于老师的信息。根据这些信息列出方程。这些信息包括:

1.刘老师来自天津市静海区实验小学。到山西省长治市乘火车用了约 13 小时,火车每小时行 y 千米,从天津市到长治市的路途约 980 千米。

2.刘老师的体重 x 千克是个秘密,乘 3 除以 5 再加上 5,得到 41 千克。

3.刘老师有个漂亮女儿,今年 a 岁,我比她大 23 岁,今年 36 岁。

4.刘老师任教的四年五班原有 b 人,开学初转走 8 人,又转来 12 人,现在有 45 人。

通过这一环节的学习,让学生说一说老师有哪些信息是已知的,还有哪些信息是未知的,并且告诉他们了解方程后便都清楚了。这样不但激发学生产生后续学习的兴趣,而且可以引导学生积极学习的情感,并将这种情感延伸到了课外。

以上的教学课例直观地展示了如何在具体的教学过程中创设情境,打造数学文化课堂。巧妙地创设情境,使数学知识、数学定理不再枯燥乏味、单调刻板,这些情境使学生发现数学与自己的生活密切相关,不仅便于学生理解记忆,而且唤起了学生的学习兴趣和求知探索的热情。

第三节　妙用旧知,发挥已有经验

1978 年,奥苏贝尔在《教育心理学:认知观》一书的扉页上写道:"假如让我把全部教育心理学仅仅归结为一条原理的话,那么,一言以蔽之:影响学习的唯一最重要的因素,就是学习者已经知道了什么,要探明这一点,并应据此进行教学。"①对于学生而言,一次完整的学习可以描述为从他的认知起点到课堂学习目标之间的认知发展过程,学习目标既定的情况下,起点的选择决定了这一距离的长短。距离过长和过短都不是好事,而适宜的距离空间是学生开展学习所必需的。

　　学习的起点可以分为两类:学习的逻辑起点和现实起点。通常情况下,学生的现实起点要高于逻辑起点。就如我们的目标是六楼,而学生现在已经到了二楼,就不需要把学生拉回一楼再上六楼。了解学生的起点可以采用课前调查或者课上了解的方法。建构主义理论告诉我们,知识不是教师向学生传递的,而是学生自己建构的,学生的现实起点和他们的个体经验具有直接关系。学生不是空着脑袋来学校上课的,在日常生活和以往的学习中,他们积累了大量的生活经验,而且有些问题,即使他们没有接触过,没有现成的经验,但当问题摆在他们面前时,也可以借助以往的相关经验,依靠自己的认知能力,对问题的解释。因此,课堂教学是一种师生共同参与的动态变化过程,学生和教师各自扮演不同角色,学生是学习的主人,是课堂中主动探索的主体,而教师是教学的主人,是教学过程的组织者、合作者和引导者。已有的经验无时无刻不影响着学生的学习。现代技术的发展,传媒和网络的无处不在,使得学生获取知识的渠道越来越广,学生的视野和生活阅历不仅逐渐丰富而且有不断被拓展的趋势。因此,教师只有了解学生的学习现状,把握教学的起点,才能确定哪些内容应重点辅导,哪些可以略讲甚至不讲,有的放矢地进行教学设计,才有可能在教学中把学生的个体经验当作基础性资源加以有效利用。

　　教师在教学中还应该注意到的一点就是,学生的已有经验有时候也会产生负面影响,教师要认识到这一点并且放大学生个体经验的正面效应。

　　比如轴对称图形的教学设计:学生对于生活中的对称现象是有感知的,从幼儿园开始,学生就有机会进行折纸和剪纸的活动,他们在活动中还会模仿教师剪出轴对称图形,也能用对称这个词来描绘一些现象,但是他们往往会把物体的对称美等同于平面图形的对称,会把图形两边完全相同的现象等同于图形对折后两边完全重合的对称。而且有的学生并不认为自己的认识有问题,有时甚至会

　　① [美]奥苏贝尔等著.余南星等译.教育心理学:认知观[M].北京:人民教育出版社,1994.转引自:皮连生主编.教学设计 心理学的理论与技术[M].北京:高等教育出版社,2000.

故步自封,不接纳新知识。如果教师能够认识到这一点,就会在教学中注意引导学生将物体的对称美与平面图形内的对称概念加以辨析比较,也会注意引导学生将图形两边完全相同的现象与图形对折后两边完全重合的对称概念加以辨析比较。在此基础上,教师要引导学生提炼概括和抽象,才能形成清晰的轴对称图形概念。

为了进一步提升学生的抽象思维水平,教师还要注意引导学生通过折一折的活动以直观感性的方式寻找对称轴;通过画一画的活动以直觉判断的方式寻找对称轴;通过想一想的活动以观察想象的方式寻找对称轴。在这些丰富的实践活动中,一方面,学生可以感受和体验不同图形对称轴的不同位置。比如有水平方向的对称轴,也有垂直方向的对称轴,还有斜线方向的对称轴。另一方面,学生的认识不断地清晰和丰富,思维水平也得到了发展和提升。

教师从学生的已有知识和生活经验出发,对学生进行教学,意味着教学不仅为学生新知识的学习搭建了坚实的平台,还为学生新知识的学习内化提供了感性的支撑,所以,教师解读和分析学生个体经验的能力,已然成为教师进行教学设计的一项重要基础性能力。

课例:

课例1:《认识钟表》

《认识钟表》是人教版义务教育课程标准实验教科书第一册第八单元的知识。这是学生建立时间观念的初次尝试,也是以后学习时分的基础。一年级学生已经具备了一些认识钟表的生活经验,因此大多数孩子会看整时,但这些经验只是粗浅的、感性的,对不同的孩子来说层次也是不同的。由于时间和时刻看不见、摸不着,不具备形象性、直观性,再加上一年级学生注意力容易分散且监督能力较差,所以对时针、分针的整体认识有些不习惯,观察力的薄弱使得他们常常忽略时针和分针的区别,因此,小学生认识半时往往会出现问题,12时半他们可能会看成6时,同时由于对钟表的旋转顺序不清楚,他们又常常产生困惑,比如1时半到底是1时半,还是2时半等。

教学目标:
针对教材内容、学生特点、课程标准要求,本课的教学目标确定为以下几点:
1. 使学生认识钟面,会认整时和半时;

2. 培养学生的观察能力、操作能力;

3. 培养学生的时间观念,从小养成珍惜时间、遵守时间的习惯。

其中教学重点是使学生会认整时和半时,教学难点是认识半时。

教学思路:

为了更好地落实以上目标,在这节课上引导学生从已有的知识经验出发,通过动手操作、自主探索、合作交流等方式获取知识,使他们在探究的过程中学会观察、学会思考、学会分析和合作,在思维能力、情感态度、自信心、意志力等各方面均得到发展,从而促进学生可持续性学习素养的形成与积累。

(一)创设情境

为了缓解学生认识钟表的知识难点,充分利用教室内挂有石英钟这一优势,在学习这一课之前就经常有意识地引导学生认读上课、做操、放学的时刻。因此,新课伊始,便为学生搭建了一个自主的舞台,让学生说一说自己每天的作息时间,从而抓准学生的起点,摸清学生易出现的问题,同时也让学生展示了已有的知识,培养了学习数学的情感体验。

(二)引导探究

数学教育家波利亚曾经说过:"学习任何知识的最佳途径都是由学生自己去发现。"皮亚杰认知理论也告诉我们:思维来源于做,而不是听。因此要为学生铺设主动探索之路。

第一步:制作钟面模型。

教师课前准备好标有刻度的钟面、长短粗细不同的针、按扣、彩色笔等,让学生分小组制作钟面模型。从领取材料到制作,调动了学生的生活经验,充分认识了钟面的构成。因此在向大家介绍自己组的钟面时,他们一定能说清时针和分针的名称、区别,为解决本课的难点做好铺垫,适时的总结还能使他们认识到各组的钟表会有不同点,比如说有的有数字,有的没数字,有的有 12 个数字,有的有 4 个数字,但他们都有 12 个大格,有时针和分针,可能还有学生会说有秒针,这时可以告诉学生秒针以后再认识。这样还渗透了透过现象看本质的思想方法。在这个过程中学生不但认识了钟面,还培养了操作能力、合作能力、思维能力,寓学于乐,为后面的学习打下了很好的基础。

第二步:认识整时。

首先利用教师黑板上没有指针的钟表模型,请两个学生画出 8 时与 2 时两个时刻。在学生画之前,教师先请其他同学提示两个学生需要注意的问题,画之后再对完成情况加以评价,再一次向学生强调时针和分针的区别,培养学生的观察能力;接着让学生总结这两个时刻的共同点,也就是都是整时,分针都指着12,此时教师要适时地引导学生概括出认识整时的方法和读时间的方法,从而培养学生的抽象概括能力,锻炼学生的语言表达能力;最后,向学生出示电子表上显示的整时,提醒学生写时的两点要点在下部,而不是中间;再带领学生完成有关整时的练习,重点引导他们说一说 12 时和 6 时的时候,时针和分针有什么特点。

第三步:认识半时。

首先用多媒体演示钟表从 8 时走到 8 时半的情景,并随着分针的转动划出弧线,使学生认识到时针、分针的转动方向,再让他们说一说自己观察到了什么,明确时针、分针的转动方向以及整时和半时的区别;接着让学生试读这个时刻,这里给学生一个足够的空间,让他们自由地读和认,因为错误也是认识真理的宝贵经验。鼓励学生互相质疑、提问,在相互的争辩和交流中获得正确的认识。接着认读电子表上的半时,并在钟表模型上拨出相应的时刻。重点引导学生认识12 时 30 分和 6 时、6 时 30 分,用多媒体展示,分别闪动时针和分针加以区别。可能有学生对几时 30 分表示几时半不太理解,提出问题,如果有其他学生能解答这个问题,那么就给他们展现的机会,如果没有,就在此处设疑,使学生的学习从课堂向课外延伸。最后,要引导学生总结出认半时的方法,如果学生总结不完整,教师必须要及时补充,最后总结出:分针指在 6 上,时针走过几就是几点半。

(三)巩固迁移

共设计了以下三层练习:

1.让学生用钟表模型拨弄一个自己喜欢的时刻,并展示给大家看,说一说为什么喜欢这个时刻,既巩固了所学知识,激发学习数学的兴趣,又使学生体会到数学和生活的密切联系。

2.让学生利用组内制作的钟表模型,进行小组间的游戏:每组都随意拨弄一个时刻,然后请一个小组用语言描述这个时刻,其他小组来猜,使学生获得学习数学的积极情感体验。

3.让学生为自己设计一个愉快的周末,适时教育学生应珍惜时间。在学生展示的过程中引导他们发现,上午有一个某时,晚上还有一个某时,初步体会到时针的转动规律。

(四)小结升华

教师可用形象的语言帮助学生回忆这一节课的学习收获,培养学生的数学元认知能力:"如果有一个同学今天没来,他一定想知道今天数学课上学习了什么知识,于是打来了电话。谁来接?"

课例2:《秒的认识》

一、教学分析

(一)教学内容分析

小学教材分四个时段认识时间:一年级上册认识整时和半时,一年级下册认识分,知道1时＝60分,三年级上册认识秒,知道1分＝60秒,三年级下册认识年月日。"秒的认识"是人教版三年级上册的内容,处于一个承前启后的位置,因此这节课有必要初步建立时间单位的系统框架。

(二)教学对象分析

对于秒,学生并不缺乏生活经验,但是这些经验是比较浅显的、感性的,对不同的学生来说,这些经验的层次也是不同的,更多的是将秒作为时间名词来使用。由于一年级时,学生已经认识了时和分,知道了1时＝60分,所以对于1分＝60秒的知识,学生很容易顺势将知识迁移过来。但是1秒钟、10秒钟、60秒钟等时间到底有多长,对于学生来说是非常抽象的,体会秒这一计量单位所表达的时间量值内涵要困难一些。

(三)教学环境分析

根据本课内容、学生的现实起点,选择在多媒体教室环境上课,借助多媒体,化抽象为具体,帮助学生获得对秒的亲身体验。

二、教学目标

1.让学生在观察和体验中自主建构时间单位"秒",知道1分＝60秒。

2.让学生通过听一听、说一说、数一数、做一做、估一估等活动充分经历秒的建构与体验的过程,建立秒的时间观念。

3.让学生在丰富的活动中感受数学与生活的联系,培养学生用数学眼光观察生活的数学素养。

4.让学生在丰富的活动中体验时间的宝贵,从而使学生养成爱惜时间的良好习惯。

5.让学生在丰富的活动中体会初步的辩证唯物主义思想,感受时间的无限性,形成完整的知识结构。

三、教学重点难点

从概念的内涵来看,要从概念的含义与概念之间的关联两个维度强化认知。

因此,本课的教学重点是将学生的生活经验数学化加以提升,认识时间单位秒,知道1分=60秒。教学难点是结合生活经验来体验秒作为时间单位所表达的时间量值内涵,建立秒的时间观念。

四、教学方法

谈话法、演示法、对比发现法以及协作式、情景式的策略交错融合使用。

一、课前游戏

课前带领学生玩"大炮打面具"的游戏,2分钟后上课。本环节的设计意图是利用信息技术手段,激发学生的学习热情和学习兴趣,体验学过的时间单位"分",并引出今天的新课。

二、引入新课

1.请同学们估计刚才游戏用了多长时间,感受2分钟的长短。接着教师提问学生是否知道比分还小的时间单位,引出新课,板书课题"秒的认识"。

三、引导探究

1.认识秒针

多媒体课件展示四个不同的钟面,引导学生辨认出其中的秒针,剔除它们的非本质特征,引导学生认识到,虽然这些钟面上的秒针颜色形状不同,但是它们的共同本质特征是:细、长、快。在这一环节中学生不但认识了秒针,还初步形成了透过现象看本质的思想。

2.认识1秒

(1)感受1秒

用flash制作动态的、带声音的秒针走动,观察秒针走过1小格是1秒,说一说1秒钟有多长,用动作和声音来表示1秒。让抽象的1秒看得见、听得见,形象直观起来。

(2)用PPT展示美丽的图片,出示神奇的1秒。让学生体会自然和人类的伟大,并学会用数学眼光来分析问题。

1秒钟火车大约能走90米。我们的教室大约长( )米,90米大约是( )个教室那么长。

我国成功发射的神舟七号每秒飞行约7 810米。

激光每秒大约跑30万千米,只要一秒,激光就可以在北京和天津之间跑一千多个来回。

3.认识几秒几十秒

观察秒针走1个大格,2个大格,3个大格分别是多长时间,在对比中发现秒针的运行规律和分针的运行规律相同。再引导逆向思考,时间过去了 10 秒,秒针从 6 走到几,从 8 走到几,从 12 到 10 是否是 10 秒钟。这个环节用动态课件反复展示秒针的运动规律,让学生从直观中发现规律,进行抽象的数学思考。

4.认识 1 分钟

继续用动态钟面演示,秒针走过 1 圈,分针走过一个小格,用橘色涂过分针走过的一个小格,蓝色涂过秒针走过的一圈,让学生直观看到 1 分和 60 秒的关系,总结 1 分 =60 秒。

5.感受时间

让学生闭上眼睛,感受 10 秒、15 秒、1 分钟,自己估计到了规定的时间就睁开眼睛,看一看估计的时间有多少误差。一开始用秒针走动的声音提示学生,跟上秒针的节奏,慢慢去掉声音,帮助学生建立秒的时间观念,突破本课的难点。

6.一分钟活动

让学生在写字、数数、背古诗中任选一件事情,在一分钟内完成。活动结束后提问学生刚才静静感受 1 分钟的时候,觉得时间怎样,利用 1 分钟来做事情,感觉怎样。通过这一环节的活动,让学生感受时间的主观体验感,体会时间有限,价值无限,关键是做与不做。

四、拓展延伸

1.限定时间游戏

在规定时间内做课前的打炮游戏。一名同学操作,其他同学看时间。在兴趣盎然中学生数出了 15 秒、25 秒、40 秒,落实了看表这一实践性目标。

2.系红领巾猜时间

一人系红领巾,全班猜时间,两人看表当裁判。

3.完善时间单位的知识体系表

教师板书毫秒、微秒,请一名同学看表,其他同学估算老师写字所用的时间。让学生认识到毫秒、微秒是比秒更小的时间单位,再板书比秒大的时间单位,形成关于时间的完整知识结构。

4.填空

(1)小学生一天在校时间是 6(　　　)

(2)刷牙洗脸大约需要 6(　　　)

(3)做两道口算题大约需要 6(　　　)

5.读一读,文中的单位是否正确

今天,小宇早早起床晨读 20 小时后,花了 15 秒吃完早餐,再用 20 分钟系上红领巾后上去。上午,小宇在 50 米短跑时只用了 10 秒,取得全班第一名的好成绩。放学后,他便陪妈妈看半秒的《新闻联播》。

6.体会时间的不可逆转性和生命的有限性

请同学说一说时间像什么。教师小结,只有数学中的数轴像时间一样,无始无终。属于每个人的时间只是有限的一段,时间永远不等人向前跑,要抓住自己有限的生命去创造无限的价值。

五、小结升华

让学生总结自己本课的收获。反思学习过程,形成数学元认知能力。

课例 3:《三角形及特性》

本节课的主要内容包括抽象概括三角形的定义,认识三角形的底和高、学会画高、认识三角形的稳定性。从学生的现实起点来说,三角形的样子并不陌生,只是学生还缺乏对三角形的理性的概括,在学习平行四边形物体容易变形的特性时,学生对三角形物体的稳定性也有一些接触,但是缺乏数学角度的认识。由于小学生的年龄原因,他们眼手脑的协调性不够发达,画高时总是不知如何动手,因此这节课的重点是让学生从数学的角度认识三角形的特性,理解三角形的高和底,学会画三角形的高。基于此,我认为教材的课题"三角形的特性"不够切题,所以将它改为"三角形及特性"。

教学内容:人教版四年级下册三角形及特性例 1 和例 2。

教学目标:

1.让学生理解三角形的概念,掌握各部分名称,会用字母描述三角形。

2.帮助学生从不同的角度理解三角形的稳定性,为今后学习相似三角形打下重要基础。

3.让学生理解底和高的对应关系,会按要求画高。

4.对学生渗透抽象概括和对应的思想方法。

教学重点:画高。

教学难点:画高,理解直角三角形直角边互为底高的关系。

课前游戏:猜图形。

一名学生背对黑板,其他同学看着黑板上从实物中抽象出来的平面图形做提示,请背对黑板的同学猜图形。

教学过程：

一、引导探究

刚才游戏中的平面图形大家早已经认识了，只是对圆形和三角形还没有深入地探究，这节课，我们就一起研究三角形及有关特性。教师板书课题。

（一）教学三角形的定义

1. 让学生用自己的话说一说什么样的图形是三角形。学生说时教师相机进行引导。举出反例引导学生总结。

2. 让学生看教材，读一读。你认为三角形概念的关键点是什么？

3. 教师总结：三角形是三条线段首尾相接围成的封闭图形。

4. 教学三角形各部分名称（这部分内容在引导学生说定义的时候相机前置，因为学生容易说成有三个角有三条边的图形是三角形，如果学生这样表述，就在那时候引导学生认识三角形各个部分的名称。）

如果学生没有这样表述，这一环节则这样展开：三角形的各部分名称书上写得很清楚，但是老师相信不用看书你们就知道。谁能给大家讲一讲？三角形有几个顶点、几条边、几个角？

（二）教学三角形的稳定性

1. 生活中哪些地方用到了三角形？

2. 三角形的物体具有什么特性？用三角形木架拉一拉。

3. 从数学的角度怎样认识三角形的稳定性呢？一起来做小实验：

老师这里有三根小棒，你能摆出一个三角形吗？同样还是这三根小棒，你能摆出一个不同形状的三角形吗？试一试。

通过刚才的摆一摆，请同学们先自己思考，然后和同桌说一说，你发现了什么？

4. 教师小结：看来三角形的边确定以后，形状也就确定了，只能摆出一个模样的三角形来。这是数学意义上三角形的稳定性。

（三）教学三角形的底和高

1. 让学生会用字母描述三角形

如果用字母 ABC 分别表示三角形的三个顶点，那么这个三角形就叫三角形ABC。顶点 A 的对边是哪条线段？顶点 B 、C 的对边呢？

变换三角形的位置和字母，再次提问学生。

想一想：考考你们这些是为学习什么内容做准备呢？学习了底和高又有什

么用呢?

2.学习三角形的底和高

(1)三角形的高在哪里呢? 以作业纸上的第一个三角形为例(锐角三角形)试着画一画。

(2)展示学生作品,引导认识底和高的对应关系。

(3)课件演示锐角三角形三条高的画法,总结出画高的关键:三角板的两条直角边,一条和底重合,一条经过底对面的顶点,然后沿着这条直角边画高。

总结:三角形有几条高?

(4)出示一个直角三角形让学生画高。提问为什么有的同学只画出了一条,引导学生认识两条直角边互为底高。

(5)给钝角三角形做一条高。教师讲解三角形外两条高的画法。(课件展示)

二、应用迁移

1.完成作业纸上的第一题。(按要求画高)

2.完成作业纸的第二题。(两条平行线间有一个三角形,画出两个和它等底等高的三角形)

3.给三角形设计新的用途,画一画。

三、概括升华

请学生谈自己这节课的收获,回顾本节课所学知识和思维方法,以及自己是如何学习三角形的,培养数学元认知能力。

课例4:《式与方程》

教学内容:六年级下册式与方程的复习。

教学目标:复习整理用字母表示数和方程的有关知识,让学生建构完整知识体系,使学生加深对用字母表示数,表示数量关系、公式,方程、方程的解、解方程,以及如何解方程等数学知识的掌握。增强学生对数学的兴趣,提高解决实际问题的能力,让学生掌握抓住知识间联系和抓住重点整理复习的方法。

教学重难点:用字母表示数、解方程。

教学过程:

课前游戏:同学们,我想了解一下你们的基本情况。做个游戏吧,你们想出自己的年龄和出生月份,当然也可以是父母,爷爷奶奶、哥哥姐姐弟弟妹妹,然后按照我的要求进行计算,算出结果告诉我,我就能猜出你想的年龄和月份。准备好了吗?

教师口述过程:(年龄 ×2 +5) ×50 + 月份 −250。

学生报出计算的结果,教师来猜,然后写算式来验证结果。接下来试着让学生猜一猜。

一、引入课题

刚才在我们的游戏过程中,如果要把全班同学的式子都写出来,那要写好多个,很麻烦,现在我想用一个式子把全班同学的都表示出来,怎么写呢? 教师板书:(A ×2 +5) ×50 + B −250。

这就是咱们以前学过的含有字母的式子,这节课,老师就和大家一起来复习"式与方程"。

二、整理知识

1. 回忆整理:同学们回忆一下,关于含有字母的式子我们都学习了哪些知识? 小学阶段学习的方程统称为简易方程,简易方程又包括哪些知识点呢? 咱们一起来回顾一下。这是五年级时学习的用字母表示数和简易方程,仔细阅读教材,一会儿汇报给大家听。

2. 汇报交流:同学们可以汇报了吗? 含有字母的式子包括哪些知识点呢?

板书:用字母表示数 $\begin{cases} \text{用字母表示公式(正方形面积公式是难点,理解 } a^2) \\ \text{用字母表示数,表示数量关系} \end{cases}$

简易方程又包括哪些知识点?

这些知识点之间有怎样的联系? (等式的性质是解方程的依据,解方程是为了求出方程的解,方程的解是解方程的结果)

这节课我们着重复习用字母表示数量关系和解方程,解决问题留到下节课老师和你们共同复习。

三、复习提高

1. 复习用字母表示数

(1)教材里有一道连线题,同学们先连一连,再想一想,哪两个选项容易混淆,该如何区别它们?

(2)汇报交流,重点强调清楚 3 个 a 相加和 3 个 a 相乘的区别。如果是 2 个 a 相加怎样表示? 2 个 a 相乘呢?

(3)提问和总结:用字母表示数时应该注意哪些问题? (数字和字母相乘时数字放在前面。有字母时,乘号可以省略,一开始容易和乘号混淆,可以用点表示,又容易和小数点混淆,最后干脆省略乘号吧! 加号、减号除号有这个烦恼吗? 所以不能省略。)

(4)幻灯片出示填空:

学校去年植 a 棵树,今年植树的棵数比去年的 2 倍还多 6 棵,今年植树 ( )棵。

同学们做操排成 a 行,每行 a 人,一共有( )人。

一本书共有 120 页,小红每天看 x 页,看了 y 天,一共看了( )页。

一种足球原价为 a 元,打折后现价为 b 元,原来买 100 个足球的钱,现在可以买( )个。

(5)小结:经过刚才的复习,我们知道,含有字母的式子能清晰地表达出数量间的关系。那么,我们用字母表示数量关系的时候应该注意什么? 你最容易出现的问题是什么?

2.复习方程

(1)什么叫方程? 板书:含有未知数的等式。

判断下面的式子是不是方程,为什么?

$X + 42 = 78 \times 3$

$2X - 16$

$5X - 2X = 150$

$0.8 - x > 0.09$

(2)小组内说一说,什么是方程的解、解方程、等式的性质等含义,然后向全班同学汇报。

(3)等式的性质是我们解方程的依据。试一试:解方程。

学生在练习本上解方程,教师在黑板上板书。

$X - 0.1 = 9$

$X - 0.1X = 9$

$4 + 0.7X = 102$

$4X - 3 \times 9 = 29$

27 – 3 X = 18

（4）总结

第一题和第二题有什么区别,需要注意什么? 为什么 X – 0.1 不等于 0.9X?

四、运用知识解决实际问题

比如:刘老师过几天要乘高铁去山东青岛,准备在青岛停留 5 天,住宿 4 天,然后沿原路乘高铁返回。请同学们用含有字母的式子表示出刘老师青岛一行的开支。

在这个问题中,哪项开支是固定不变的,哪项开支是可以变化的? 请同学们根据自己的生活经验帮助老师设计一下,老师这次出差带多少钱合适? 组织学生分组讨论,对比哪个组设计得最合理,为什么。

教师小结:老师就选择这位同学的设计方案,能吃好睡好,也能省钱。谢谢你们!

同学们解决问题的能力很棒! 课前咱们做的数学游戏,为什么老师能猜出结果呢? 你还能设计这样的游戏吗? 同学们可以课下试一试。

五、总结回顾

同学们今天学习有哪些收获? 学习过程中发现自己的问题了吗? 如何改进这些问题呢?

教师小结:今天咱们是抓住重点来复习的,同学们要善于提炼知识的重点,还要学会总结学习方法,归类比较,这样才能越学越聪明。

作业:总结今天复习的运算定律和公式(用字母表示)。

课例5:《小数乘整数》

突出剖析算理的过程,注重活动的过程性,体现学生的主体性,帮助学生深刻理解算理。

教师抛出问题:观察 0.8 × 3,你能想到什么? 你想怎么算? 请同学们先认真独立思考,然后在小组内交流,再向全班汇报。

生 1:我想用 3 个 0.8 相加来计算。

师:3 个 0.8 相加同学们可以计算出来吧? 这是我们以前学过的知识,能利用乘法的意义把乘法转化成加法来解决是一种很好的策略。

生 2:把 0.8 想成 0.8 元,也就是 8 角,3 个 8 角就是 24 角,也就是 2.4 元。

师:根据人民币单位的进率来解决也是很不错的。

生3:把0.8想成0.8米,也就是8分米,3个8分米就是24分米,也就是2.4米。

师:根据长度单位的进率来解决也是可以的。

教师总结:刚刚我们是用把乘法转化成加法或者依靠生活经验来解决问题的,同学们想想看,还有别的办法吗?

生4:我用画图的方法来思考。0.8就是把一个图形平均分成10份,0.8就是其中的8份,每一份是0.1,0.8就表示8个0.1,3个0.8就表示有24个0.1,也就是2.4。

师:我们一起来看看这位同学画的图。你看懂了吗? 如果看懂了,请你们也来说一说这个思路。通过刚才的思考和交流,你们现在你知道为什么24要点上小数点了吗? 你能说说这其中的道理了吗?

其实不管哪种思路,都可以从数学算理的角度来描述,0.8就表示8个0.1,3个0.8就表示有24个0.1,也就是2.4。

反思:在这个明晰算理的过程中,教师注重过程,帮助学生理解算理。层次清晰,循序渐进,以剥洋葱式的不断呈现给学生刺激。0.8×3等于多少? 乘积为什么要点上小数点? 在教学过程中,引导学生通过结合乘法的意义、利用人民币和长度单位的进率、借助直观图等途径充分表达,厘清思路,使学生感悟小数乘整数算理算法的同时,也完善自己思维方式,可以说,是一次元认知能力循环提升的过程。

课例6:《轴对称》

一、教材分析

本课是人教版教材四年级下册的内容。教材先呈现了现实生活中常见的一些轴对称图形,通过画出它们的对称轴,唤起学生已有的轴对称图形、对称轴的生活经验,观察轴对称图形的特征,复习关于轴对称图形的知识,并通过画出一个轴对称图形的另一半的活动,加深对轴对称图形特征的认识,从而让学生在已有的知识基础上探索新知识,感受对称在生活中的应用,体会数学的价值。借助方格图让学生通过看一看、数一数的活动,进一步认识轴对称图形和对称轴,探索轴对称图形的对应点与对称轴之间的关系——轴对称图形上两个对称点到对称轴的方格数(距离)相等,加深学生对轴对称图形特征的认识。在方格纸上让学生根据对称轴探索补全一个轴对称图形的方法,也就是在方格纸上补全五角星。通过补全轴对称图形,使学生进一步理解轴对称图形的两个对称点到对称轴的方格数(即距离)相等。

二、学情分析

二年级时,学生已经初步认识了生活中的轴对称现象,知道将一张纸对折后画一画、剪一剪得到的图形都是轴对称图形,折痕所在的这条直线叫作对称轴。本课的教学活动要充分调动、利用学生的已有认知经验,使学生通过生活中的实例进一步理解轴对称图形,探索轴对称图形的特征;能准确地描述出轴对称图形的特征。本节课通过观察、猜测、探究、合作交流等数学活动,充分调动学生学习的积极性,让学生积极参与到探索中来。

三、教学目标

1. 在观察、操作、探究等活动中,进一步认识轴对称图形及其对称轴,体会轴对称图形的特征和性质,并能在方格纸上补全一个轴对称图形的另一半。

2. 充分利用信息技术,发展学生的空间观念。

3. 感受轴对称图形在生活中的应用,体会数学的应用价值。

四、教学重难点

重点:探索轴对称的特征和性质。

难点:探索和理解对称点连线与对称轴垂直。

五、教学过程

一、激趣导入

我们以前已经认识过轴对称图形了,同学们能把预习中自己制作的轴对称图形和大家分享一下吗? 这些轴对称图形对折以后两边能够完全重合。今天我们要继续研究这样的轴对称图形。

二、引导探究

(一)理解轴对称图形的性质

1. 在棋盘上找对称的棋子

在围棋盘中放置一颗白色的棋子,请同学放置一颗黑色的棋子,让它和白色棋子对应。

谁来分享一下你的黑色棋子下在哪儿? 说一说为什么要下在这儿呢?

2. 找对称点

在数学中我们可以把棋子看成一个点,要找到这个点的对应点,得先确定什么?(对称轴)

我们在脑海里想象一下对称轴和棋子的对应点应该在什么位置？在作业单上动手画一画。

展台展示学生作品，请学生讲解自己如何找到和它相对称的点。

（先确定一条对称轴，然后测量出点到对称轴的距离，再在对称轴的另一边找到和它的距离相等的点，就是和它相对称的点）

用大屏幕演示：我们一起来看，先确定一条对称轴，然后测量出点到对称轴的距离，再到右边找出到对称轴距离相等的点。像这样左右对称的点称为对称点。这个点称为点 A，那右边的点则称为点 A'。也就是 A 是 A' 的对称点，同样A' 是 A 的对称点。

3.轴对称图形上找对称点

继续用刚才的对称轴，如果我画出 B 点和 C 点，你们能找到他们的对称点吗？请大家继续在作业纸上画出 B 点和 C 点的对称点。

4.总结轴对称的特征

在刚才的学习过程中，你们发现每组对称点和对称轴有什么样的关系呢？小组讨论一下。哪个小组来汇报一下。（它们到对称轴的距离相等。连线和对称轴互相垂直）

那老师就把你们说的板书在黑板上。分别总结为四个字：距离相等，互相垂直。（板书：距离相等　　互相垂直）

5.学生自己画出图形的另一半

（1）师：现在我们对轴对称有了更多的数学认识。接下来让我们自己来画一画轴对称图形的另一半。它的另一半长什么样呢？先观察老师给出的这一半，然后想一想，再动手把另一半画出来。

教师提示：画的过程中想一想你是怎么画的？画完的同学小组交流一下你是如何画的？

（2）总结画另一半的方法。

请同学说一说自己用什么方法画出来的另一半。经过讨论后明确，确定对称点的方法最精准，直接画的方法容易出现问题。

教师带领回顾画的过程：

第一步：

师：你们看一下你们找的点都在哪里，教师在课件上指出来。

生：拐弯的地方。

师:我们看这些拐弯的地方是线段的什么?

生:线段的端点。

师:说得太棒了,所以第一步就是找线段的端点,我们简单地写成"找"。(板书)

第二步:在对称轴的另一面确定这些点的对称点。我们概括为"定"(板书)

第三步:将对称点按照顺序左面的顺序依次连接起来。我们概括为"连"(板书)。

师:同学们真优秀,刚才不但画出了轴对称图形的另一半,还总结出了画轴对称图形的方法。

(3)总结学习方法

让我们回忆一下,刚才在学习的过程中,每给出一幅图,我们首先怎样? 观察之后呢? 在头脑中想象它的位置及样子,也就是想象,最后我们动手画一画,也就是操作。(板书:观察、想象、操作)掌握数学方法才能更好地学习数学。

三、当堂训练

1.找对称点。

2.将连脸谱融入动态的游戏中,既巩固新知,又增加数学趣味性。

3.欣赏轴对称图片。通过一系列照片欣赏,如交通标志、自然美景、建筑、剪纸的美。将轴对称的艺术美、文化美展现出来。最后欣赏耳朵的对称、飞机的对称、表盘的对称等,让学生感到数学源于生活,又高于生活。

四、课堂小结

通过这节课的学习,你有哪些收获? 学习的过程中还有哪些不足?

课例7:《对1千米的感知与学生元认知分析》

学习长度单位最重要的是要让学生建立单位的表象。教师要充分联系学生已有的生活经验,创设有效情境,让学生对长度单位进行体验感悟,在自己动手、动脑、动口的过程中真切感受知识生成的过程。"千米"这个长度单位对于学生来说比较困难。因为其他的长度单位都可以通过测量来体会长短,而1千米因为比较长,测量的直观性差,必须结合计算等进行感知,所以对学生来说比较抽象。笔者在组织学生进行活动体验1千米的过程中,发现学生个体的思维差异很大,究其原因,是元认知水平的差异导致了思维的差异。

一、案例再现

学习1千米,学生很容易记住1千米=1 000米,但是1千米到底有多长?

由于1千米的抽象性,必须要设计相应的体验活动,让学生亲身体会。活动前,先让学生结合已有的知识背景思考,1千米到底有多长? 这是活动的核心任务。漫无目的地活动根本无助于学生思维的发展。当问题抛出后,学生出现了下面的思考:

生1:我们以前学习厘米的时候,测量过一步的长度,大约是50厘米,那么我们走1步是50厘米,走2步就是1米,走1米需要2步,走1 000米就需要大约走2000步。所以我认为走2000步大约是1千米了。

生2:我们教室的长度大约是10米,这个楼层一共有8个教室,那么走廊就是80米。得走很多次才是1 000米。

二年级的学生理解1 000里面有多少个80是有难度的,但是生2的思路启发了生3。

生3:我们伸开双臂的长度是1米多,同学们手拉手伸开,我们班有48个同学,可以算50米。可惜我们没有1 000个同学。如果有1 000个同学就可以拉出1千米了。

生4:我有办法了! 我们班同学拉手一次是50米,拉手两次接上就是100米,10个100米就是1000米。

教师:同学们真棒! 那我们就按照这几个同学的方法到操场上体验1千米到底有多长。我们先手拉手伸开,拉出来的长度大约是50米,我就用粉笔画上记号,然后接着从记号处再手拉手一次,从第一次开始,到第二次结束的位置就是100米了。我们沿着100米走10次就是1000米。走的时候要数出自己的步数,看看大约是多少步。

活动结束后回到教室,教师询问同学们走了多少步,有的学生思路清晰,说出自己走一趟多少步,十趟就是多少步;有的学生是十趟一直计数,清楚说出自己的总数是2045步,1890步,2130步……也有的学生气喘吁吁一脸茫然,根本没记住自己走了多少米,走了多少步。

二、元认知能力差异分析

通过这次体验1千米的活动,学生的差异显而易见。分析产生差异的原因,根本是元认知能力差异所导致的。主要体现在以下几个方面:

1.活动前的计划不同

学生在活动前的思维活动,属于计划的制定。在自己思维基础没有达到的情况下,对于其他同学的思路没有理解,对于这次活动的目的不清晰,体验活动的时候没有目的性,所以活动的时候属于滥竽充数,仅仅参与了活动,没有和数学思考结合,更没有对自己活动方向做出调整与改进。而清晰制订了计划的学生,则明确知道自己要做什么,计数前如何计算,活动的时候出现问题也能及时调整,有的同学被干扰忘记了自己数的步数,于是再次走 100 米的时候重新计数,重新计算。计划性和目标性都明确时能使学生的元认知能力明显增强。

2. 原有认知结构的不同

在学习千米之前,学习厘米、米、分米后,笔者设计了"寻找身边的尺子"活动,让学生寻找自己身上的长度单位,观察身边一些标志性物体的长度,并记录在记录单上保存。例如拇指的宽度大约是 1 厘米,伸开双臂的长度大约是 1 米多一点,一拃的长度大约是 1 分米,一步长大约 50 厘米,教室的长度大约是 10米,教室的门高是 2 米等。经历了这样的体验活动以后,学生建立了丰富的长度单位表象,为后续学习"千米"奠定了基础。有的学生由于学习态度和能力的问题,在测量的过程中,并没有思路清晰地找到长度单位间的关系,建立起准确的表象。有的学生建立了完善的认知结构,清楚厘米和米的关系,明白十个一百是一千等数的组成规律,对于长度单位的表象清晰准确,就能灵活应用已有知识,找到解决"1 千米有多长"的策略。完善的知识结构是学生元认知能力的重要组成部分。

3. 课后反思的水平不同

笔者自二年级下学期开始,布置学生写数学日记。为了避免学生无话可说,不知道写什么,在布置任务前都给学生确定主题。例如这次体验活动之后,要求学生记录这次体验 1 千米的活动过程,写出自己在活动中的优点和问题,并举例说一说那位忘记步数的同学的做法。学生上交数学日记后,反思水平参差不齐:有的分析出自己能找到体验 1 千米的方法,是因为以前学习的知识我记住了;有的明确找到自己忘记了 1 米等于 100 厘米,所以开始没有听懂生 4 的方法;有的则用一两句话凑数应付了这次反思活动。当然,低年级学生的反思活动需要家长的帮助。但是必须要肯定的是,对于反思能力强的学生来说,他们调整自己学习方向、学习方法的能力一定更强,他们数学学习的能力也会不断增强。说明在元认知能力中,自我反省、自我审视、自我启发的反思能力,能够有效激发学生的思维能力。

第四节　面向全体,尊重个体差异

元认知知识的三个方面分别是认知主体、认知对象和认知策略,三者相互影响,其中元认知主体是核心,它决定了认知材料和认知任务的设定及认知策略的选择。对认知主体的评价,必须以其在各种认知任务中运用认知策略的实际表现为依据,对认知材料、认知任务的讲解,既要考虑到认知主体的认知发展水平又要结合适用于该任务的认知策略,引导个体针对问题解决或认知目标对任务获得正确的理解。

《中华人民共和国义务教育法》规定:"教师在教育教学中应当平等对待学生,关注学生的个体差异,因材施教,促进学生的充分发展。"可以看出,新的教育理念要求,在以学生发展为本的原则下,新课程标准和新教材的实施应当承认学生的个性差异和发展的不平衡。[1] 我们所追求的小学数学课堂教学,需要充分发挥教师的专业性,通过精准把握学情,科学规划学习活动,采取多元评价学生等方式,实现差异化教学,让每一个学生都能按照自己的节律充分地发展,呈现出独特的学习样态,这样的课堂教学方式,也就是所谓的差异化教学。

差异化教学是指教师在教学过程中充分考虑学生的知识基础、能力水平、认知风格、智力发展等个体差异,组织匹配的教学内容,设计相应的教学活动,采取多元评价方式,促进每一个学生的发展。[2] 反思传统的数学课堂教学可以发现,从教的角度来看,教学目标高度统一,教学任务设计只着眼于中等学生,教学方法千人一面,教学过程按部就班,教学评价尺度单一。从学的角度来看,教师设定的学习任务对于能力强的学生而言缺乏挑战,不能激发学习兴趣;对于能力弱的学生而言又有难度,即使努力也难学会。整齐划一、齐步走式的教学忽视了学生之间的个体差异,只满足了部分学生的学习需求,阻碍了课堂教学质量的提升。

每个学生都是世界上独一无二的个体,都具有学习、创造的潜能。因此,我们的小学教育必须围绕"分层理念、张扬个性、关注学生差异"[3]来展开。教师应

---

① 李文奎. 遵循学生认知差异 提高数学教学效率[J]. 数学学习与研究,2021(27):56-57.

② 谭少春. 小学数学差异化教学的路径探索[J]. 小学数学教育,2020(06):9-10.

③ 王玉婷. 聚焦分层教学,关注学生差异[J]. 新课程,2021(46):206.

该充分尊重学生的人格,关注学生的个体差异,因材施教,因势利导,从学生的实际出发,兼顾学习有困难和学有余力的学生,通过多种教学途径和教学方法,满足不同学生的学习需要,充分发挥他们的数学才能,确保每个学生学有所得。

一、差异性教学策略

(一)实施差异化教学的前提是教师精准把握学生的差异

学生在学习之前,由于生活经验、知识基础以及认知方式的不同,对于新知识的"前概念"必然存在一定的差异。教学时需要重视这些差异,针对差异进行教学设计。为了精准了解学生的差异,可以采取纸笔测试、问卷调查、抽样访谈、观察记录等方式进行学情的前期调研,并对调研内容进行细致的批阅、统计、分析。① 在教学时教师为有效地将分层理念融入教学中,从而使得不同层次的学生都能够在教学中获得发展,教师需解析学生能力、性格存在差异的原因,并且有针对性地提出策略,以此为学生的进步打下基础。②

(二)要让学习者明白自己有独特的认知特点、兴趣,自己的各项能力有长有短

教师应该力求对学生的这些方面做出客观的评价,不仅仅要针对个体的实际情况进行描述性的评价,也要针对个体与某一群体中的其他人的差异给予客观的评价,坚持长善救失的教学原则,使学生的认知获得全面、正确了解的同时,又能知己所长,明其所短,在学习活动中能够注意利用优势,弥补缺陷。

在精准把握学情的基础上,教师需要充分发挥专业性,对教学内容的组织、教学环节的架构、巩固练习的设计等进行差异化设计,引导学生积极主动地投入适宜的学习活动。不同层次的学生面对的学习材料应该是有差异的,能力强的学生可以给他们提供更有挑战性的学习任务,能力弱的学生可以给他们提供基础性的学习任务。这样,不同层次的学生都能在认知的最近发展区内展开学习活动。③

(三)练习层次化

数学课堂中差异化教学的实施需要设计分层练习,通过设计基础性练习、综合性练习、开放性练习、拓展性练习等满足不同层次学生练习的需求,进而测评不同层次学生学习目标的达成情况。小学数学教师在设计目标时要明确目标以

---

①　谭少春. 小学数学差异化教学的路径探索[J]. 小学数学教育,2020(06):9 - 10.

②　王玉婷. 聚焦分层教学,关注学生差异[J]. 新课程,2021(46):206.

③　谭少春. 小学数学差异化教学的路径探索[J]. 小学数学教育,2020(06):9 - 10.

及目标难易程度的适当性,学习目标之间的难易程度不应跨度太大,应与学生现有水平相对应。教师再结合学生差异,精准把握教材,以满足学生不同需求,制定激励学生前进的目标,推动学生学习效率的提升。练习题一般按照由易到难、由浅入深的原则编排,通常的表现形式可以是星级区分,也可以是难度区分;对练习题目的完成情况可以是按序逐题完成,也可以让学生灵活选择题目完成。

(四)帮助学生了解认知对象的特点和知识

一方面要向个体讲述不同的认知任务有不同的要求;另一方面要让学生知道,同样的任务如果以不同的方式来考查,也会对个体解决任务的成绩产生影响。在认知策略方面,不仅要向学生讲授一些认知策略的基本知识,更要向学生比较各种认知策略的特点、适用情境及可能达到的效果。

二、尊重个体差异的教学措施

(一)给学生做有关元认知能力对个体成长发展作用的培训

教师可以给学生做有关元认知能力对个体成长发展作用的讲座,使学生对元认知知识和元认知能力产业的积极作用获得深刻的认识,树立参与的信心。教师可以指导学生制订周密、详细的学习和生活计划、计划执行自我监督表、自我评价表和心理辅导教师指导表。例如要求学生每天记数学日记,回忆当天让自己印象较深的或有趣的事,对发生事件中的自我行为和心理进行分析、评价,并提出提高和改进的意见。学生每周上交日记本一次,由教师对其进行批阅和指导。

(二)对学生的指导个别化,以适宜的指导助推思维发展

在大班教学的情况下,即使教师为学生提供差异化的学材,科学地规划学习活动,也设计了有层次的练习,但有些学生的学习依然是有困难的。对于这部分学生,教师在教学过程中同样不能忽视。教师要有意识地关注并对这些学生加以指导,启迪思维,不断提升思维能力。[①] 教师应当引导学生自主选择合适的学习方法,调动其学习积极性,设置不同层次的问题,让学生结合自身的现实情况和数学能力展开解答和学习,发挥学生在数学学习活动中的主观能动性,推动学生养成良好的数学学习习惯,实现小学数学教学的升级。

(三)用激励机制和竞争机制不断激发和强化被试对自己认知行为和认知结果的反思行为

首先,让学生自己制作一张"谁是本周榜上的新星"的表格,通过每天对自

① 谭少春. 小学数学差异化教学的路径探索[J]. 小学数学教育,2020(06):9-10.

己的元认知行为进行自我分析、总结,并对自己认为做得好的项目挂一颗红星,以此方式,使学生的元认知行为逐渐得以强化。其次,教师在教学过程中积极表扬被试的各种有效实验行为,激发被试参与实验的积极性。比如在教学一年级《100 以内数的加减法》,在这一课中教师可以通过分组来进行教学,依照班级人数可分为若干个小组,课前教师可先准备 100 以内的相关加减法题目,分别将其列在白纸之上,在课堂中将其发给各个小组,所有小组均采用同时作答法,并对各小组的作答时间进行登记,最后根据每组的作答时间与准确率来进行评比,对作答正确的应给予适当的表扬与奖励。随后还可以让各组之间进行评价。通过这种实践体验,使学生进一步了解数学知识,对自身进行反思,充分认识到自身的不足之处,进行改正。

(四)对学生进行差异化的评价

教师要结合学生的特点进行评价,特别注意对学生进行发展性评价,激发学生的潜在动力,让评价成为学生自我超越的助推剂。每一个学生都希望得到教师的关注,教师要评价每一个学生,不让任何一个学生消失在我们的视野范围内。教师不能用同一把尺子去衡量全体学生,而要用不同的眼光去发现每一个学生身上的闪光点,依据学生各自擅长的领域并针对学生的点滴进步进行肯定性的评价,这能够增强学生学习数学的自信心,改进不擅长的领域。教师评价学生的目的不是为了甄别,而应是促进学生发现自身的优点与不足,扬长避短。因此,对于不同的学生可以采用富有弹性的评价标准。解决同样的问题,对于学习能力强的学生,教师可以提出多样的要求,对于学习能力弱的学生则要求独立思考,即使过程不那么严谨,教师也要给予学生鼓励和赞许。

(五)强化对学生数学学科核心素养的培养

新课改要求,小学数学教师在实际的教学工作中,需要强化对学生数学学科核心素养的培养,鼓励学生大胆尝试、勇于探索。基于这样的情况,教师需要为学生创设更为生动的教学情境,激发学生的数学学习兴趣,引导学生主动展开数学思考。同时,在实际的教学过程中,教师要承担起引导者、组织者的责任,充分发挥学生在数学学习中的主观能动性。例如,在教学位置相关内容的课前导入环节,教师组织"我说你猜"(一个同学描述好朋友在班级中的座位,其他同学猜一猜他是谁)的活动,顺利导入新课。① 这种导入既创设了学生比较感兴趣的情

---

① 李文奎. 遵循学生认知差异 提高数学教学效率[J]. 数学学习与研究,2021(27):56－57.

境,又调动了学生数学学习的积极性,能够学生在有趣的活动中开启思维,迅速投入教师创设的情境之中。

课例:

课例1:《平面图形的周长面积总复习》

一、案例背景

本课是六年级最后一学期的内容,旨在帮助学生连点成线,织线或网,构建完整的知识体系,牢固掌握有关平面图形的周长和面积计算。课前做了一次调查,发现全班53名同学,已有40名同学熟练掌握了所有平面图形的周长和面积计算公式,如果根据有问题的13名同学的学情设计教案,必然会阻碍这40名同学的发展,并对学习产生厌烦情绪。为此在带领这13名同学回顾周长和面积计算公式的推导过程时,我为另40名同学创设了一个自主学习的环境。

二、教学过程

(一)共同复习周长面积的含义

师:我们已经认识了哪些平面图形?

生:长方形、正方形、平行四边形、三角形、梯形、圆形。

师:(出示画在黑板上的这些平面图形)那么什么是这些平面图形的周长,什么是这些平面图形的面积呢? 咱们男生和女生来一次比赛。先请一名女生来表示出三角形和圆形的周长,再请一名男生表示出这两个图形的面积,在黑板上的女生画的同时,其他女同学结合实际举出一些周长的例子,要一个连着一个,直到画完为止。男同学也是如此。(学生活动略)。

师:那么谁能用数学语言总结一下什么是平面图形的周长和面积?

生答略。

(二)分层活动

1. 谈话

这些平面图形的面积和周长怎样计算呢? 今天我们分两组来学习。第一组和老师一起回忆公式的推导过程,第二组每两人一台电脑。完成电脑中的问题,比一比,哪个组学得好。

2. 分组活动

第一组活动纪实：

(1)师：老师为你们准备了一些学具。现在就请你们利用这些学具推导平面图形的面积计算公式。(小组活动)

师：谁来汇报一下长方形面积公式是怎样推导出来的？正方形、平行四边形、三角形、梯形、圆形的面积公式呢？

学生汇报后，多媒体展示这些面积公式的推导过程，最后教师再根据周长的意义总结出平面图形的周长计算公式，重点演示圆形的周长公式。

(2)自己将这些公式记熟，一名学生默写在黑板上，其他同学默在练习本上，集体订正。

(3)完成下面的练习

计算下面各图形的周长和面积。(自己测量所需数据)

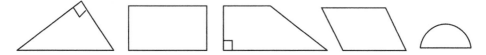

第2组活动纪实：

使用设计好的交互式课件，解决下列问题。

(1)同第一组的练习。

(2)一个平行四边形和一个三角形等底等高。已知平行四边形的面积是30厘米，三角形的面积是多少？

(3)一个长方形，一个正方形和一个圆的周长相等，已知长方形长10厘米，宽5.7厘米，它们的面积各是多少？

(4)一块0.25公顷的三角形棉田，量得它的底是125米，请你算出它的高是多少。

(5)一个房间长4米，宽3.2米，高3米，如果地面铺边长0.4米的方砖，应买多少块？如果这个房间长4.3米呢？

(6)请你用学过的平面图形设计图案，并求出它的面积。(单位：厘米)(比比谁设计得又多又好)

3. 学习反馈

师：请第二组同学两人为一小组，统计一下你们做对了几道题，汇报给大家听。

4. 共同完成网络图

师:刚刚复习过的一个个知识点,就像一颗颗珍珠,只有将它们串成项链才不会丢失,下面就请大家将这些知识点画成网络图,要求:要能体现出这些数学知识点之间的联系。

(三)巩固迁移

1. 同学们学得都很认真,刚刚在学习的过程中,同学们一定积累了不少经验和教训,下面就请第一组同学当回小老师,给大家介绍一下。

2. 课前同学们搜集了一些和本课内容有关的问题,现在谁来出题大家做?

3. 故事。

(四)小结升华

三、教后反思

1. 面向全体,使每一个学生都得到发展

面向全体,实质是面向有个体差异的学生,每个学生都有不同的先天素质、生活环境、学习基础。作为教师,应该关怀每一个学生,使不同层次的学生都有发展和提高,本课中两组学生存在明显差异,既要让第一组吃好,又要让第二组吃饱,不能因为这13名同学而把40人拉回来听自己早已掌握的知识,也不能因为有40名同学会了,而把另外13人放弃,因为每一个孩子都是一幅珍贵的画卷,都是家庭的希望。让第一组的同学当小老师便是关爱、激励他们的一个具体措施。

2. 因材施教,需要教师发掘自身的教育智慧

"因材施教"是在春秋时期孔子兴办私学,教授诸生的实践中产生的涵念,已有两千五百多年的历史。但是要想真正做到因材施教并不是一件容易的事,它需要教师具备"以人为本"的先进教育理念,更需要理论与实践整合的能力。开发每个学生的潜能,为他们的成才提供机会,更需要教师充分发掘自身的教育智慧,采取多种策略指导教育学生。

3. 借助现代教育技术,尊重学生个体差异

现代教育信息技术应该致力于改变学生的学习方式,成为学生学习数学和解决问题的强有力工具,为真正落实个别化教学的思想、实施因材施教带来了生机。基于本课是复习课,多数学生已经熟练掌握了新知,教师设计了一个交互式的学习软件,让他们通过与计算机对话巩固了知识,这样不但增强了他们对学习的兴趣,还能使老师有更多的精力来帮助有困难的13名同学,使不同的人得到不同的发展。

4.课堂教学应抓准学生的起点

学生不是一张白纸,即使是一年级的儿童,他们也有丰富的生活体验和知识积累,因为他们获取知识的渠道越来越多了。因此我们必须重新认识学生,抓准学生的现实起点,而不能像以往仅仅从逻辑起点出发去备课。如果能有机会让学生展示自己已有的知识,尤其是还未学过的知识点,对他们来说都是全新的体验,当他们把自己知道的数学知识告诉大家时,他们是在享受学习带来的骄傲和成功的喜悦。这样的小学数学教学模式才能使学生从行为到心理都积极主动地参与到课堂中来。

课例2:《组合图形的面积》

一、教师的思考与分析

1.教学主要内容

认识组合图形,并会运用不同的方法计算组合图形的面积;能正确运用计算组合图形面积的方法,解决相应的实际问题。

2.教材编写特点

在以前的学习中,学生已经学习了长方形、正方形、平行四边形、三角形与梯形的面积计算公式,在此基础上学习组合图形的面积计算公式,一方面可以巩固已学的基本图形;另一方面则能将所学的知识进行综合,提高学生的综合能力。本单元是小学阶段平面几何直线型内容的最后章节,因此,教材所安排的内容除了巩固学生所学的知识外,更注重将解决问题的思考策略渗透在教学中。

3.教材内容的数学核心思想

化归法——把有待解决的组合图形的面积问题转化为几个简单图形的面积,再经过加减计算,使问题得以解决。

化归法的实质就是对组合图形进行变形,促使矛盾转化。组合图形可谓千变万化,但解题的基本思想是通过割补转化的方法,对图形进行"凑整",使不能直接求解的不规则图形转化为基本图形或其组合形式,根据已知条件进行加、减或直接计算。

4.学情分析

(1)学生的逻辑起点和现实起点

在本节课之前,学生已经学习了长方形、正方形、平行四边形、三角形、梯形五种图形的面积计算方法,同时也已经初步体验了用割补的方法解决平行四边形、三角形和梯形面积计算,这些为学生提供了知识和方法上的经验与依据,这也是学生学习本节课的知识储备和逻辑起点。同时,学生经过了五年的学习,已经具备了一些逻辑推理迁移等能力,因此,对于什么是组合图形,怎样将组合图形分割、添补成规则图形,学生应该能够依据已有的知识和经验独立完成,这是学生的现实起点。

(2)学生学习该内容可能的困难

学生对于组合图形的分割或者添补能够根据直觉去进行,难度不大。但是在分割或者添补图形后要选择已知条件进行计算时,他们往往不能正确迅速地找到隐蔽条件,造成无从下手解决问题的困难。同时学生在众多方法面前可能会感到眼花缭乱,不能思路清晰地找到最简洁的方法,提炼出数学思想和方法,这是最需要教师"出手"捅破的窗户纸。

二、学习目标

1. 在探索活动中,让学生归纳出组合图形面积的计算方法。

2. 让学生能根据各种组合图形的条件,有效地选择计算方法进行解答,并能解决生活中相关的实际问题。

3. 培养学生探索数学问题的积极性,增强学生学习数学的信心和兴趣。

三、教学重点

让学生能正确运用计算组合图形面积的方法,解决相应的实际问题。

四、教学难点

让学生能找到图中的隐蔽条件,正确计算组合图形的面积。

五、教学过程

(一)引入课题

师:同学们,前面我们认识了哪些几何图形?(教师随学生回答将长方形、正方形、平行四边形、三角形、梯形的图贴在黑板上)

师:今天,老师要和你们一起研究有关组合图形的知识。(板书:组合图形)

师:你们认为,什么样的图形是组合图形呢?学生的回答略。

师:由基本的平面图形组合成的图形就是组合图形。

展示学生的拼图作品,由基本图形组合成的小猫图。

师:这些都是拼摆成的组合图形,生活中也有组合图形。(出示房屋平面图)

(二)新课

1. 出示老师家的房屋平面图

师:你发现哪个房间的图形是组合图形呢?(客厅的平面图是组合图形)

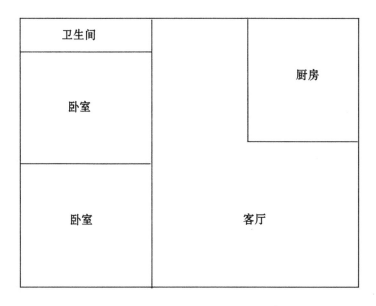

图 6-1　房屋平面图

师:刚才的拼图我们一眼就能看出是由哪些图形组合起来的,现在这个客厅的平面图不能一眼看出来,你是怎么知道的呢?

学生回答后,教师出示将客厅分割成规则图形的图片。学生可能出现的方法有:

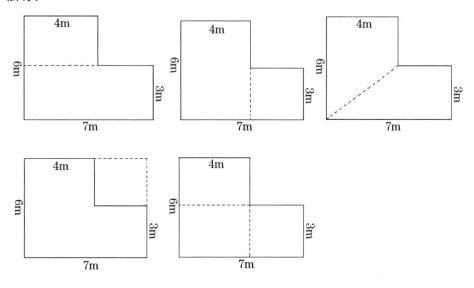

图 6-2　学生分解组合图形的方法

151

2. 计算组合图形的面积

师：同学们的方法可真不少，如果要求这个组合图形的面积，你们有好的方法吗？现在就用你喜欢的方法去计算客厅这个组合图形的面积。如果你做完了，别人还没有做完，你该怎么办？（提供给学生一纸四图，体现尊重差异的理念）

学生活动。

3. 汇报交流

随学生的汇报用课件重点演示不同的四种方法，重点强调加粗线段这些隐蔽条件如何求出。

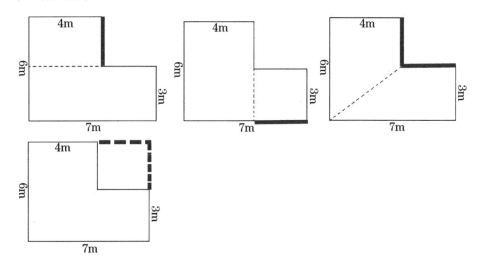

图 6 - 3　教师展示组合图形的分解方法

4. 总结提高

师：同学们用自己的聪明才智解决了多边形的面积问题。将课题补充完整。（组合图形的面积）

有谁选择了下面的方法去求组合图形的面积呢？

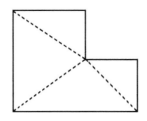

图6-4 客厅组合图形的分解

提问:为什么不选择这两种方法求组合图形的面积呢?那你喜欢哪种方法?为什么?

教师总结:看来分割组合图形时不是分割得越多越好,那样计算起来会很麻烦。只要分割到能算出面积来就应该停止了。同时要注意分割时也要充分利用已知的条件,尽量少地使用隐蔽条件。一般情况下,长正方形、平行四边形比三角形和梯形的面积计算简便。

师:你能把我们的方法分一分类吗?

随学生回答板书:分　　补

提问:分的时候,分的方法很多,分出的图形也不尽相同,但是什么不变?

无论使用"分"的方法还是使用"补"的方法,目的就是一个,是什么呢?

随学生回答,板书:转化成基本图形。

教师总结:无论是在学习数学的过程中,还是在生活中,都要学会将不能解决的难的问题转化为简单的能解决的问题,这样才能越来越聪明。

三、巩固迁移

1.梯形中是一个底是10米的平行四边形,求白色部分的面积。单位:米。

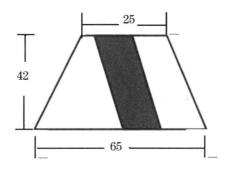

图6-5 组合图形的练习1

学生可能出现的想法:一是从梯形面积中减去平行四边形面积,二是采用移动的方法,让白色部分组成一个新的平行四边形,出现这种想法后要及时引导学生总结,用"移"的方法也能解决一些图形问题。板书:移。

2.如图,一张硬纸板剪下4个边长是4厘米的小正方形后,可以做成一个没有盖子的盒子。这张硬纸板还剩下多大的面积?

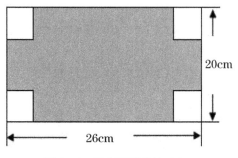

20cm

26cm

图6-6　组合图形的练习2

学生解答后教师继续引导学生进行思考:减去四个角后做成的盒子是什么形状的? 想象一下这个盒子的样子。如果往里面装饮料,最多可以装多深? 如果给这个盒子做一个盖,需要的纸是什么形状的,长和宽分别是多少?

四、反思升华

回忆这节课,你学会了什么? 遇到了哪些问题?

五、板书设计

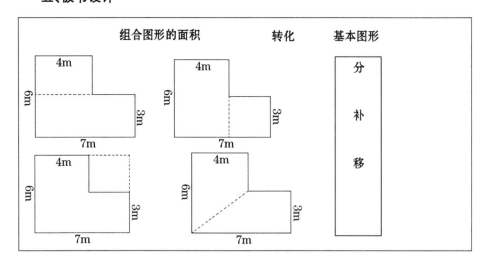

图6-7　组合图形的面积板书设计

六、课后反思

本课的亮点：

1. 抓准学生的现实起点

什么是组合图形？可以顾名思义。课前，我问过一个四年级的学生，他说得头头是道。因此，课上我先让学生复习学过的基本平面图形，激活已有的经验，然后让学生说一说，认为什么样的图形是组合图形，这样不但能够简洁高效地进入新课的知识学习，而且激发了学生的主动学习意识，为本课的学习创造了一个良好的开端。

2. 让学生在游泳中学会游泳

学生自己能说出组合图形的意义，所以我向全班展示了学生的拼图作品，让他们说一说这些组合图形是由哪些基本图形组合成的。然后出示了老师的房间平面图，让学生找一找哪个房间的图形是组合图形，接着教师要步步紧逼，提问刚才的拼图一眼就能看出来是哪些图形组合起来的，现在不能一眼看出了，你是怎么知道的呢？学生跃跃欲试，将客厅平面图分割成不同的基本平面图形。这里，我特别注意搜集学生将客厅分割得烦琐的例子，展示在黑板上。目的是让学生体会这种方法计算时比较麻烦，便于总结如何寻找简洁方法。

接下来，让学生自己选择喜欢的方法来计算这个组合图形的面积。在体验中学生才有真实的体会，学习是体验的过程，也是享受的过程，只有在应用中学生才能学会应用。

3. 学生是学的主体，教师是教的主体

学生的学习过程必须要让学生去经历，这是不可替代的，因为学生是学习的主体。教师是教的主体，应该在学生学习的困难处、思维的困惑处，该出手时就出手，为学生更好学习服务。要取得课堂的高效，需要教师课前的高效备课，备学生，备知识，备自己。这节课上，学生学习时最容易遇到的困难是，不会找隐蔽条件，因此课前我设计了动态的演示课件，帮助学生掌握找隐蔽条件的方法。另外，在学生体验不同算法后，引领学生及时进行上名思考总结，提炼思想和方法，渗透数学文化。课堂上，在汇报展示不同的计算方法时，前三位学生都汇报分割的方法，第四名同学汇报的是填补的方法，他把组合图形填补成了一个五边形，如下图：

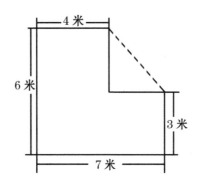

图 6 - 8　客厅组合图形填补成五边形

但是计算时他却按照梯形的方法计算的：$(4+7) \times 6 \div 2 = 33$ 平方米。我引导学生发现了问题后，又语重心长地告诉同学们，想到了用添补的方法转化成规则图形来计算，这种思想方法是值得大家学习的。接着让这名同学自己进行了改正，其实对他来说也是非常简单的事情了。可以说在这个过程中充分发挥了教师的引导作用。

4. 培养学生的空间观念

以往的教学活动，总是忽视学生空间观念的培养，尤其表现在教平面时就是平面，教立体时就是立体，忽视了这两者之间的联系。而实际上，两者之间的联系如果能够引导学生发现，则会取得事半功倍的学习效果。这节课上，在解决了长方形切去四个角的问题后，又设计了让学生为长方体盒子做盖子，能装多少饮料等问题，既沟通了平面图形与立体图形的联系，为后续学习奠定了基础，也培养了学生的空间观念。

本课不足：

1. 学生的主体性还要充分发挥

学生将组合图形进行分割时，我提前在图形上画好了分割线，学生说到哪一种就出示哪一种，其实完全没有必要包办代替，要给学生动手的机会。

2. 课堂上预设与生成的关系需处理好

这节课上，我在巡视学生解题的过程中，发现个别学生将图形分割得特别复杂，其实这些学生体会应该最深刻，应该选择什么样的方法来计算更好。但是我没有充分利用这些生成，没有让这些学生充分谈体会，失去了活生生的材料。

3. 教师的严谨性要增强

课件上的一些图片不够严谨，造成了学生在认识上的偏差。尤其表现在正方形都像长方形,其实是教师的严谨性不够,这对于一个数学老师来说是严重的不足。

4. 教师的智慧还要不断修炼

学生将组合图形分割成五边形(图6-9)以后,用梯形的面积公式计算,应该是错误的,因为本身这个图形并不是一个梯形,但是学生计算出来的结果却和正确结果33平方米一致。当时我心生疑虑,却没有组织学生进行思考和讨论。课后我也做了认真的反思,琢磨出为什么会出现一致的结果。原来,将图形连接成梯形后(图6-10),两个小三角形面积相等,正好把组合图形的面积转化为一个梯形来计算。当时如果能引导学生思考为什么会出现正确的结果,不但能深化学生的思维,而且能让学生体会"移"这种方法的优越性。更重要的是,教师的究根意识会影响学生,对他们来说,是一种人格上和习惯上的潜移默化的影响。

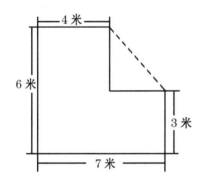

图6-9 客厅组合图形填补成五边形

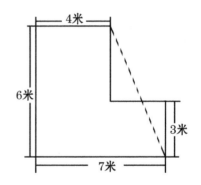

图6-10 客厅组合图形转化为梯形

第五节 动手动脑,优化思维体验

"纸上得来终觉浅,绝知此事要躬行。"当我们想要认识事物的本质时,往往需要自己亲身去尝试,才能真正感悟事物之中内隐的道理。在课堂教学中也是如此,往往是学生的实践活动,如动手操作,这能够帮助学生真正地理解知识,从而突破教学的重难点。心理学研究证明:儿童的思维是从动手开始的,切断活动与思维的联系，思维就不能得到发展。[①] 要解决数学知识的抽象性和学生思维的形象性之间的矛盾，关键是动手操作，以直观的形式展现在求知者面前，从而亲手发现新知，亲身感受学习的乐趣。《义务教育数学课程标准》指出：动手操作是学生学习数学的重要方式之一。[②] 小学生具有好奇、好动的特点。数学知识本身又是枯燥、抽象的，要使学生掌握数学知识，就必须符合学生自身的特点。

一是让概念更清晰。概念既是数学知识的基础，又是构成数学教材的基本元素，还是数学思想与方法的载体。因此，正确理解数学概念是学生掌握数学基础知识的前提。

二是让算理更明白。根据知识的系统性以及学生的思维特点，设计有效的操作体验活动，深化直观理解，学生在操作体验中发现问题，然后通过教师的正确引导，让学生真正参与并经历数学知识的生成，引导他们自主发现新知。

三是让建模更轻松。《义务教育数学课程标准》明确指出："让学生亲身经历将实际问题抽象成数学模型并进行解释与应用的过程，进而使学生获得对数学理解的同时，在思维能力、情感态度与价值观等多方面得到进步和发展。"[③]因此，在数学教学中，教师既要重视学生学习的结果，又要关注学生自主建立数学模型的过程，让学生在进行探究性学习过程中，科学、合理、有效地建立数学模型。

四是让错误更珍贵。在课程改革理念的指引下，数学课堂上发现的错误作为一种资源正被大家逐渐重视。教师要相信学生的自我纠错能力，并在教学过程中运用合适的应对策略，引导学生主动发现、改正错误，为学生提供辨别、分析、判断、推理的机会，让学生经历由错误到正确的体验过程。

小学生因为认知能力和理解能力还处于较弱的时期，所以对于直观性强的数学知识能有很好的认识，而对于抽象的数学理论知识和数学公式理解能力较差。为了保证学生充分掌握课堂所学内容，教师在课堂教学时，需要为学生创造更多多元认知体验的机会，使学生在实践过程中思考问题、分析问题，从而对所学的数学知识形成较强的认知。由此，在教学时，教师可以多提供给学生动手操

---

① 杨永胜. 数理群思 融智探新[M]. 北京：中国发展出版社，2018.08.
② 中华人民共和国教育部制订. 全日制义务教育 数学课程标准 实验稿[M]. 北京：北京师范大学出版社，2003.06.
③ 中华人民共和国教育部制订. 全日制义务教育 数学课程标准 实验稿[M]. 北京：北京师范大学出版社，2003.06.

作和讨论交流的时间空间,让学生在小组合作,师生、生生互动分享思考成果,在不断修正和完善的过程中,学会学习,根据其他学生和教师的思维引导,再结合自己的学习情况进行反思,便于日后调整自己的学习策略和学习方法。

同时,教师要注意培养学生的自我监控能力,传授学生进行自我监控的策略,及时地对学生在操作或练习的过程中出现的问题给予反馈和指导,引导学生认识自己现有的不足并及时地加以改进。最后,完成某一项任务或者活动后,教师应给学生一定的时间来反思和评估自己的学习过程和最后的学习效果,进行深入的总结与反省,使学生从中吸取经验和教训,由具体的学习活动向认知经验转化,完成由外部情境向头脑认知结构内化的过程,提高学生的自主学习能力。

课例:

课例1:《打电话》

教学内容:人教版五年级下册综合实践活动《打电话》。

教学目标:

1.让学生经历寻找打电话最优方案的过程,发现事物隐含的规律。

2.培养学生的逻辑思维能力和应用意识。

3.渗透归纳的思想方法、运筹优化的思想方法、数学建模的思想、解决复杂问题从简单入手寻找规律的思想方法。

教学重点:引导学生亲身经历自主探索打电话的最优方案。

教学难点:让学生理解最省时的方案。

教学过程:

一、师生谈话,引入课题

1.同学们,今天我们一起研究有关打电话的问题。(板书课题)

数学课上研究打电话,说明打电话的问题和数学有密切的联系,你们信吗?

信不信学完了这节课自见分晓。

2.(课件展示)本地突然爆发新冠疫情,班主任老师要打电话通知全班45名同学到校参加核酸检测,假设通知一名同学用1分钟,每名同学都在家,那要通知全班同学,最慢多长时间通知完?最快需要多长时间?

(学生回答的最慢时间肯定一致)这时要提问:看来大家一致认为最慢需要45分钟,这是怎么通知的?(电脑出示通知图)这种通知方法每分钟最多几人通知几人接听?

学生回答的最快时间猜测肯定不一致。这时教师提问,大家估计的最快时间不一致,但有一点是一致的,是什么呢?(每分钟不是最多1人通知1人接听了)

3.大家估计的最快时间不一致了,那怎样来检验一下谁的猜想正确呢?你们有什么好办法?

教师引导学生得出结论:数学家有一个习惯,在处理一个复杂问题时,常常从简单的情况起步。(根据学生的意见总结,数据太小,不容易发现规律,太大则不容易分析发现的规律。)现在就以15人为例来研究。

二、引导探究

1.请同学们认真想一想,然后在本上画一画,找出一个通知15人用时最短的方案。

2.小组内交流一下,看看你们的方案有什么不同。

3.汇报交流。

预设一:出现用时8分、7分、6分、5分、4分的不同方案,按照用时从长到短的顺序展示。

预设二:出现用时7分的,然后在这个基础上通过挪一挪,让更多的人不空闲来缩短时间。

预设方案:不管是哪一种展示方法,都要引导学生回答下列重要问题:

用时7分的和用时8分的比较一下,看看发现了什么?(每分钟最多有3人通知3人接听了。学生还容易说分组越多用时越少,要让学生充分发表意见)

展示用时6分、5分的时候,提问为什么这些方案用时更少了?(小组长不空闲了)

小组长不空闲了,还有缩短时间的可能性吗?这时展示用时4分钟。这是本节课学生理解的难点。学生介绍这种方法后,请一名同学到黑板上用磁扣摆一摆。最后再看电脑演示这种方法,提问,这下每个人都不闲着了,最多的时候,几人通知几人接听?

4.同学们很棒。你们和数学家一样,迈出了积累材料的第一步。数学家可不是盲目地算啊画呀,什么都不想。我们也要想想,用什么方法能让这种方案的规律看得更清楚呢?

我们一起来列表,表内填哪些内容呢?引导学生列表后填写完整。

表 6－1 打电话规律探索

第 n 分钟	1	2	3	4	5	6	7	…
到第 n 分钟新接到通知的学生数	1	2	4	8	16	32	64	…
到第 n 分钟所有接到通知的学生和教师总数	2	4	8	16	32	64	128	…
到第 n 分钟接到通知的学生总数	1	3	7	15	31	63	127	…

观察表格,说一说你找到了什么规律?

现在来解决通知全班的问题吧! 学生回答后,教师总结:要让这个方案可行,我们应该提前设计一个打电话的流程示意图,让老师和同学都清楚,自己下一步应该通知谁,按照怎样的顺序通知。

5. 现在回想一下今天的学习,做一个自我总结。出示自我总结问题单:你今天学到了什么知识? 用什么方法学的? 你的问题是……你的体会是……

三、应用迁移

1. 微软公司是 IT 业的巨头,他们招聘的时候非常注重人的能力。其实他们的测试题咱们也能做!

U2 演唱团赶往演唱地点,途中必须经过一座桥,天色很暗,而他们只有一个手电筒,一次可以同时过两个人,过桥的时候必须有手电筒,所以就得有人把手电筒传来传去。手电筒是不能用丢的方式来传递的,四个人过桥的速度不一,两人同行就以慢的速度为准。Bono 需要 1 分钟过桥,Edge 需要 2 分钟过桥,Adam 需要 5 分钟过桥,Larry 需要花 10 分钟过桥。他们怎样过桥用时最短?

2. 下面我要请你们竞选一回车间主任。

车间里只有一台车床一台铣床。每个零件都要先在车床上加工再到铣床上加工。AB 零件的加工时间如下表:

表 6－2 加工零件时间表

	A	B
车床	4 小时	3 小时
铣床	2 小时	3 小时

先加工哪个零件更好呢?

四、小结

今天学习的知识是优化运筹学的一角。华罗庚爷爷发明的运筹学在生活中有广泛的应用。运用数学知识不但能使事情有条不紊还能节省时间,我们要和时间赛跑,用数学创造生命的辉煌。推荐同学们课下阅读《数学花园漫游记》。

课例2:《用转化的策略解决问题》

学习内容:用转化的策略解决问题(教师自编五年级学习内容—数学学习策略方法课)

学习目标:

1.学会用转化的策略解决问题。

2.体会转化这种策略的优越性。

3.展现思维过程,提高思维能力。

课前:

1.动画片《曹冲称象》。

2.猜图片,一位同学背对黑板,另一位同学根据屏幕上的物品用语言(但不许提到这种物品的名称)或者动作来表示。

导学过程:

一、引入新课

同学们,每一天我们都要面对很多数学问题和生活问题,解决问题需要策略。今天我们就一起来研究解决问题的策略。(板书课题)

课前我们重温了曹冲称象的故事。曹冲为什么要将称大象转化为称石头?为什么要在船舷上划线呢? 只能转化为称石头吗?

曹冲用化整为零的方法解决了当时的一个难题。这种转化的策略在数学上有着广泛重要的应用。今天,咱们就研究用转化的策略来解决问题。板书:(转化)

二、引导探究

(一)不规则 → 规则

1.同学们,你们能求出这个图形的周长是多少吗?

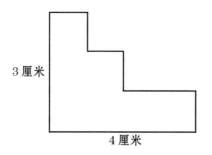

图 6 -11 不规则图形图 1

谁能求出这个图形的周长？谁觉得有些困难？难在哪里？（图形不规则不知道条件等）

找到了难点就好了，我们就可以思考怎样转化难点了。会做的同学晒晒你们的思维好吗？你们怎么思考的？你打算怎么解决这个问题？（为什么要将线段上移？目的是什么？）

如果将这几条线段上移，这个不规则图形就变成了规则的长方形，问题就转化成我们学过的问题了，你们都能计算了吗？

2. 观察，下面这个图形的面积怎样计算呢？

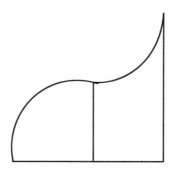

图 6 -12 不规则图形图 2

这次，你们的思路是什么样的？

这个不规则图形能不能转化成规则图形？怎样转化呢？老师为你们提供了这个不规则图形，你们自己撕一撕，拼一拼，看看能否解决这个问题。

展示：请同学展示自己的成果，教师用课件重点引导使用旋转平移的方法将不规则图形转化为梯形的过程。

提问:同学们有问题要问他吗?

3.回顾刚才的过程,解决这两个问题共同的策略是什么?(板书:不规则——规则),第一题进行转化时用的是平移的方法,第二题呢?(板书:平移、旋转)

4.把不规则图形转化为规则图形以后,实际上就把未知转化为了已知。在以往的数学学习中,我们在哪些地方用到过转化的策略?

(二)数 → 形

一段木头,木工师傅将它锯成5段用了20分钟,要把它锯成8段需要多少分钟?

你们觉得这个问题怎么样?难吗?在练习本上试着解答。

展示同学们的解题结果,尤其要展示错误的想法。谁能说一说他的思路是否正确,为什么?

有什么办法能让大家弄明白题目中的数量关系呢?(画图)

把题目中的数量关系用图或形的方式表示出来,我们说就实现了从数到形的转化。由数到形,能促进学生对题意的理解。什么时候需要画图?当你不明白题意的时候,画图是最好的帮助理解的方法,就是我们自己搭的桥,这样我们才不会掉进水里。大家一定要记住使用。

(三)正 → 反

1.16位同学,2人一组进行石头剪子布的比赛,输了就淘汰,接着胜出的人继续2人一组进行比赛,输的淘汰。胜出的继续比赛,一直到产生冠军。问产生冠军需要多少场比赛?

读懂题目了吗?你打算用什么方法解决这个问题?在练习本上先写一写画一画想一想,然后和同桌交流一下。

2.展示交流:谁来当老师,讲清你思考的过程?

一个问题可以用不同的方法来解决。某某同学的方法非常与众不同。你们说不同在哪里?(思考的角度不同)

考虑胜出多少人是正向思考,考虑淘汰多少人就叫反向思考了。某某同学化正向思考为反向思考,非常巧妙地解决了这个问题。(板书正—反)他用到的方法是什么?(板书"换个角度")

如果全班60人都参加比赛,用什么方法计算更简便?

3.同学们,策略不是单一的,也不是一一对应的。从这道题我们可以看出,要根据具体情况灵活选择解决问题的策略。

（四）小结

结合刚才的三个例子,我们研究了转化的策略。看看你们是否有火眼金睛。《曹冲称象》的故事中,什么变了,什么没变? 看来转化的策略中既有变化也有不变,我们要学会透过现象看本质。

三、巩固迁移

1. 计算器中"4"这个键坏了,如何用计算器计算出 495×7?

2. 在一个面积是 256 平方米的池塘里,放入 0.5 平方米的浮莲,如果浮莲日长一倍,10 天正好铺满整个池塘。第九天的时候,浮莲的覆盖面积有多大?

3. 我们班一共 60 人,男生占总人数的五分之三,男生有多少人?

4. 如何给老师家的小狗测体重?

5. 数学笑话:数学家烧开水。

四、迁移升华

数学家的做法确实可笑,但笑话要让我们记住的是数学家的思想和策略。哲人们说,策略就是只下金蛋的鸡。天天使用,这只鸡才不会跑掉。转化是这只鸡下的钻石级鸡蛋。因为转化的策略是我们最常用到的。数学家说,数学家往往不是对问题进行正面的攻击,而是不断地将它变形,甚至把它转化为已经得到解决的问题。希望同学们能够将今天学到的策略应用到数学学习和生活中去。

课例 3:《金字塔的奥秘》

学生在二年级下学期学习了长度单位分米、毫米和千米后,至此常用的长度单位都学完了(二年级上学期学习了厘米和米)。教师在教学中,要帮助学生建立这些长度单位的准确表象,同时也要帮助他们建构这些长度单位之间的结构关系。教材的练习设置主要围绕这两点展开:第一,填写适当的单位,此类练习只要学生建立了清晰的长度单位表象,就能正确填写答案。第二,单位之间的换算练习。如 5 米 =（　　　）厘米,50 分米 =（　　　）厘米,7 分米 =（　　　）毫米。此类练习学生完成的时候难度较大。一是每个题目都需要具体思考计算,如 1 米 =100 厘米,5 米有 5 个 100 厘米,所以等于 500 米。让学生大声说出自己的思维过程是提升思维能力、培养数学元认知能力的最佳方法。但是逐个让学生进行语言描述显然在课堂上是无法实现的,因此自己填写的时候,很多学生容易省略思维过程,出现错误。二是在省略思维过程的情况下,如 50 分米 =（　　　）厘米这一类,只要题目数字上有 0,他们的惯性思维,就容易认为要去掉 0,结果是 5 厘米。第三道题目,更容易混淆进率,按照进率 10 来计算,结果出现错误。为了帮助学生建立起长度单位的整体知识结构,学会思考并监督自己的思考过程,笔者设计了一个长度单位的金字塔。具体操作程序为：

一、建构金字塔

建构长度单位的金字塔,让学生将学过的长度单位放进金字塔中。较小的单位放在下面,较大的单位放在上面。位置必须要放对,顺序不能混乱。这样长度单位之间的位置关系搞清楚了,单位的大小和相邻关系也就清楚了。

二、填写单位间的进率

第一步先填写相邻单位间的进率,这一步学生比较熟悉,除了千米和米之间的进率是 1000,其他相邻的长度单位间进率都是 10。第二步要引导学生找到其他单位间的进率有什么规律。可以从 1 米 = 100 厘米入手,让学生想一想为什么 1 米等于 100 厘米？因为 1 米 = 10 分米,1 分米 = 10 厘米,1 米里面有 10 个 10 厘米,也就是 $10 \times 10 = 100$,这个规律也体现在金字塔中的进率关系上。由此,可以推想分米和毫米的进率是 10×10,米和毫米的进率就是 $10 \times 10 \times 10 = 1000$。有的同学还想到,在米的上面其实还有十米和百米,然后才是千米,只不过十米和百米不常用。还有的同学推想出千米和毫米的进率是 1000×1000。虽然他们还不能读出所得的数,但是思维准确到位。推想也证明学生真正抓住了这些进率间的关系,弄清楚了长度单位之间的结构。这是学生画的图：

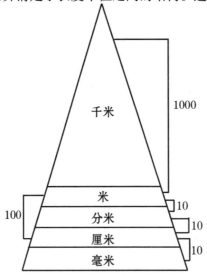

图 6 - 13　学生画的长度单位金字塔

三、寻找单位换算的规律

在学生熟悉和牢记金字塔中长度单位位置、进率的基础上,我带领学生寻找单位换算的规律。例如 4 千米 =（　　　）米,可以想 4 个 1000 是多少,也就是 4 ×1000 =4000。如果是 9000 米 =（　　　）千米,则要想 9000 里面有几个 1000,要用 9000÷1000 =9。通过多个练习引导学生总结方法,金字塔从下往上走的时候变窄了,要除以进率;金字塔从上往下走的时候变宽了,要乘进率。那么在计算每个问题的时候,都要画上向上(向下)的箭头,写上乘(除以)多少。这样,每个问题都需要学生经历头脑风暴,想清楚学习方法,学生就此养成了良好的思考习惯。将每次思维外显,实际上就是对自己思维的过程的监控,在这个过程中学生的数学元认知能力和思维能力都得到了提升。

四、小结

建构长度单位的小小的金字塔,不但帮助学生整理了长度单位的相关知识,清晰描述了知识点之间的结构关系,同时为学生思考问题提供了强有力的帮手,学生能思考了,会思考了,养成了认真思考的习惯,也保证了思维的外显,培养了数学元认知能力。有了错误的学生对照金字塔,马上就能发现问题,准确找到自己思维的"结",并且顺利解开。有了长度单位的金字塔做基础,今后在学习面积单位、体积单位,包括质量单位等知识的时候,学生都能轻松找到其中的内在联系,形成一个完善的数学知识结构和方法结构。这些建构长度单位组成的金字塔不仅帮助学生结了一个纵向的知识网,将来也能从长度单位到面积单位再到体积单位,梳理清楚横向的联系,帮助学生形成二维三维的空间观念。

课例 4:《小羽毛,大作用——小学一年级数学思维训练枚举》

一、画羽毛的缘起

北师大版一年级上册数学教材第二单元是"比较",旨在通过比较物体的大小、多少、长短、轻重,发展学生初步的推理能力,帮助学生养成仔细观察、认真思考的好习惯,学会用数学的眼光观察身边的事物。通过这部分内容的教学,教师要引导学生尝试用定性的语言描述事物的数量特征,为后续用定量分析的方法解决实际问题积累丰富的活动经验和研究基础。无论是比较大小、多少、长短还是轻重,教材都是从两个事物的比较入手,过渡到比较三种事物,对刚刚入学的儿童来说,大小、多少、长短都是容易比较的,比较直观的。学生已经积累了丰富的生活经验,即使是同时将三种事物一起比较(如图 6 - 14),也能够找到同一起点、共同特征，进行比较。

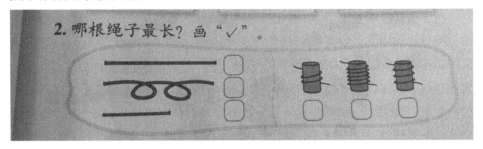

图6－14　比长短

而轻重的概念对学生来说比较抽象，缺乏具体形象的支撑，积累的感性经验比较少，物体大小对轻重影响的定势非常强大。尤其是比较三个物体的轻重，需要训练学生形成一种传导式思维，即通过比较A比B重，B比C重，才能推导出A最重C最轻。教材中提供的例题是这样的：

图6－15　比轻重例题

这个例题是顺应学生思维方向的，跷跷板的方向和老虎这个中介的位置也使得学生的思考非常顺畅，即以一种顺向思维进行思考：狮子比老虎重，老虎比豹子重，那么，狮子一定比豹子重。所以狮子最重，豹子最轻。通过语言描述，理清思维过程，大部分学生能够弄清楚谁最轻谁最重。但是题目稍微有变化，很多同学的思维便随着跷跷板的方向和中介动物位置的变化发生了混乱，语言叙述很难纠正思维的混乱。（如图6－16）

图 6-16 比轻重

教材练习中还设置了应用等量代换比轻重的题目,对于大多数学生来讲,难度很大。如何帮助学生化解这些难点,提升思维水平? 例题图上小狮子竖着的三根毛发让我想起了自己小时候耳熟能详的三毛的故事,忽然间灵感闪现,用画羽毛的办法帮助学生比较轻重的思路由模糊到清晰,逐步成型。应用到课堂上,不但化解了学生学习比轻重的难点,也培养了学生的多种能力,其智慧得到了提升。

二、画羽毛的功能

(一)画羽毛可以化解难点,展现思维过程

以猴子、熊猫、长颈鹿比轻重为例,边用语言叙述边在小动物头上画羽毛,轻的羽毛数量少,重的羽毛数量多。第一幅图中猴子轻,画一根羽毛,熊猫重,画两根羽毛。第二幅图中,熊猫还是要画上两根羽毛不能变,长颈鹿比熊猫重,画三根羽毛。所以,三根羽毛的长颈鹿最重,一根羽毛的小猴子最轻,轻松比较出结果。

图 6－17　画羽毛 1

学生分析问题和解决问题的能力以及思维能力、语言表达能力是参差不齐的。有一些学生确实在遇到这类比轻重的问题时,不知从何思考,没有解决问题的抓手,而仅仅去听老师和同学的表述,并不能真正帮助他们弄清弄懂。画羽毛的方法,通过学生的动手操作,两幅图变成连贯的一幅图,三种物体转化为同起点比较。最关键的是,抽象的质量转化为直观的数量,从定性描述提升到定量分析阶段,同时化难为易,让学生一目了然,轻松比较出物体的轻重。

在比较三个物体的轻重时,也有很多学生依靠生活经验或事物的大小,主观臆断它们的轻重,懒得去细致分析出谁最轻谁最重。而画羽毛的过程,其实是督促他们认真观察、比较、思考,然后通过对比分析得出结论,让那些省略思维过程的学生无法逃避思维过程,将自己的思考过程展现出来以后,便于教师和学生自己监控思维过程。这不但提高了解决问题的准确率,养成了遇到问题认真思考的好习惯,同时启蒙了学生的元认知意识。

(二)画羽毛可以发现问题解决问题,学会变通

解决像例题这类问题时,先让学生按照刚才的方法尝试,给小老虎画一根羽毛,狮子画两根羽毛,那小豹子怎么画呢? 同学们纷纷告诉老师,小豹子没办法画了呀! 这时候让学生想一想怎么解决,很多同学自己想出了办法,有的同学说,可以不给小豹子画羽毛,它就是 0 根,也可以比较出轻重来。有的同学说,遇到问题先不画一根羽毛,像这个问题,要先给小老虎画两根羽毛,那狮子画三根羽毛,小豹子就可以画一根羽毛了。所以解决问题时,在第一幅图中先给轻的物体画两根羽毛,这样如果下一幅图出现更轻的物体,就可以画一根羽毛了。

图6-18 画羽毛2

小猴子、熊猫、长颈鹿比轻重的问题就可以这样解决了。

图6-19 画羽毛3

实际上,在这个画羽毛的过程中,学生经历了发现问题、提出问题和解决问题的过程,对于他们来说,这种体验是最宝贵的。在这个过程中,学生不仅获得了数学经验,更启蒙了数学之外人生之中的大智慧。世界瞬息万变,宇宙时刻处于运动变化之中,而画羽毛的过程就蕴含着变通的思想,懂得变通,学会变通,做事情三思而后行,逐步学会先整体观察提炼信息,再具体解决,这样才能拥有运筹帷幄的能力。

(三)画羽毛可以提升能力,掌握思想

有了画羽毛的办法,遇到变式应用的题目,同学们也能轻松解决了。如下面的问题,哪个最轻,哪个最重? 一只螃蟹能换几只虾呢? 同学们先给数量最多的虾每只画一根羽毛,那鱼就要画四根羽毛,第二幅图中的鱼也要画上四根羽毛,那么每只螃蟹就要画上两根羽毛了,鱼和螃蟹的羽毛数量算一算就画好了,羽毛画好了,谁轻谁重一目了然,一只螃蟹能换几只虾这样的问题答案也直观呈现了出来。

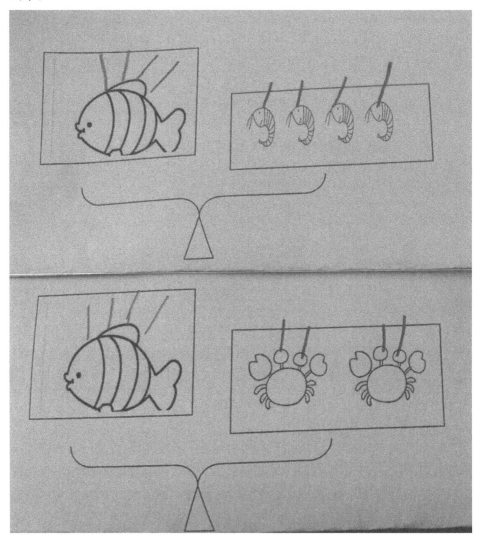

图 6 - 20 画羽毛 4

像教材中的练习,第一幅图中平衡的天平上,左边是一只大鸭子,右边是三只小鸭子,那么,一只大鸭子和两只小鸭子哪边重呢? 四只小鸭子和一只大鸭子哪边重呢？这样的问题需要用到等量代换的思维,对一年级的学生来说难度很大。但掌握了画羽毛的方法后,学生自己就可以用画羽毛的方法解决了。

图6-21　比轻重练习

　　第一幅图中,左边一只大鸭子和右边三只小鸭子一样重,他们先给每只小鸭子画上一根羽毛,那么大鸭子就应该画上三根羽毛。按照这个思路,每只小鸭子是一根羽毛,每只大鸭子是三根羽毛,画出羽毛的数量,就能轻松比较出哪边轻哪边重了。

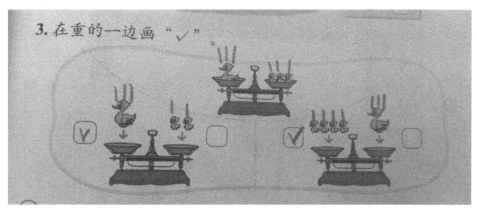

图6-22　画羽毛5

　　如果把画羽毛归为操作活动的话,应该是属于创造性操作活动。这项创造性操作把观察、思考和语言表达等能力融合其中,培养了学生思维的灵活性和深刻性,让他们不但掌握了方法,更学会了学习。

三、画羽毛的反思

（一）画羽毛有理可溯

"画羽毛"看似简单,却蕴藏着普遍性的道理。"画"即操练,"羽毛"即生活化。把抽象概念生活化,正顺应了小学低学段学生的思维发展的阶段性特点。操练是小学生思维训练中不可或缺的高端路径,也是主体性教学原则的生动体现。由此及彼,加强学生操作训练,更符合马克思主义哲学的认识论原理轨迹。抓住了操练这一思维形成的实质,在助推学生数学学习质量的同时,深化学生对数学的理解。融合其中的语言表达既有口头语言,也有图形语言表达,这种数形结合的方法,实际上是今后学习数学的重要思想,正所谓是"授之以渔"。掌握了数学思想方法,学生的思维能力才能得到发展,这也为其今后的数学学习奠定了基础。

（二）画羽毛有意可为

画羽毛的做法并非高不可攀。我们的日常教学,有不少的内容可以通过画羽毛以及类似的方法来帮助更多的学生更好地达到学会、会学的状态。只要我们善于站在学生的角度去思考教材的适切性,愿意把教材作为学生学习的一部分而不是唯一,有意识地把教材内容进行生活化的加工整合,那么,教学的境界就与教育的本质重合了。

第七章　小学数学教师的"元认知"教学思考

　　学科、书本知识在课堂教学中是育人的资源和手段,服务于育人这一根本目的。学科教学不可能离开学科的知识而存在,它是教学中必须要学生掌握的基础性的内容。但是教学对于学生的价值不应该仅仅停留在教书,不能把学生当作是为学习这些知识而存在的,更不能把学生当是为考试和练习而存在的。那么育人的内涵是什么? 不是空洞的思想教育,不是干巴巴的说教,而是引导学生发现在显性知识背后隐含的人类的生命实践形态,包括人类所处的背景、生存状况、文化内涵以及发现的一般方法、深层框架、思维方式等。这些隐含的未加以明确表现出来的知识形态,将伴随着显性知识,对学生的成长发挥重要作用。因此,学科知识不仅有助于改善学生的生命实践,而且有助于滋养和丰富学生的精神生命,它具有育人的精神和力量。数学学科独特的育人价值是什么? 是在掌握知识的同时,学会思维、掌握思想方法,增长智慧。

　　如果说编写教材是专家和学者根据学科结构、学生年龄特征、经济社会发展要求所进行的一次开发的话,那么教师备课就是在此基础上进行的二次开发。教师要根据教学要求,结合自己学生的特点和自身风格进行教学实战的演练方案设计,需要实现重心的下移,要将传授灌输的教学模式转变为引导学生自主探究的教学方式,要联系学生的生活经验和社会实践,给学生创设自主支配的时间和空间,把学术形态的数学转化为教育形态的数学,恢复活跃的、火热的数学课堂交流与课堂讨论。这一切,都不是教材和教参就能提供和保障的,都还需要教师根据具体教学场景因材施教地设计和开发。因此，备课是需要综合多种因素的一项复杂脑力劳动。如果说教师的日常教学实践行为在一定程度上是其教学理念与价值追求的间接反映，那么教学设计就是影响其教学实践行为的决定因素。

教学设计是教师教学理念的外化，并转化为具体教学实践行为的一个中介。因此，注重对学生"元认知能力"的培养，我们要从教师改变教学设计开始，因为教学设计的改革是教师对新理念进行实践体悟和运用的第一步。

教师在设计教学内容时，要有意识地进一步提升学生课堂参与质量和课堂参与度，不仅要引导学生在课堂中"积极参与"，更要引导学生在课堂中"有效参与"；要时刻关注学生的学习过程、学习思维和学习目标，带领学生正确认知，从而保证教育教学的效果；要学习信息技术助力数学教学改革腾飞；还要善于将数学游戏运用于教学设计与实践，做数学游戏的创造者和思考者。

第一节　从"积极参与"到"有效参与"

在目前的小学教学的课堂教学中，由于种种原因，学生的总体参与度并不高，甚至常有"在场却似缺席"的现象发生。课堂上不少学生的参与和表现并不积极，学生参与程度一般，大都停留在表象参与或被动参与其中的状态，甚至出现一些无心向学的"非参与"。有些教师将学生的课堂参与程式化、固定化、模式化，缺乏一种有效调动所有学生积极参与课堂教学的操作模式，使学生对"要学什么、怎么学"认知模糊，使学生的课堂参与停留在原有水平上，成为一种重复，使学生的个性不能得到充分发挥，学习的主动性不强，甚至扼杀了参与的活力。

教学过程的主要因素是教师、学生、内容与方法，其中居于主导地位的是教师。教师是教育者，是以培养人为目的的教育活动的主导者和实施者，也是学生学习的引导者和学生发展的促进者。教学设计是教师教学理念的外化，并转化为具体教学实践行为的一个中介。教学设计的改革侧重于新理念指导下的系统安排，是教师对新理念进行实践体悟和实际运用的第一步，对小学生数学元认知能力的培养，我们要从教师改变教学设计开始。因此，教师在设计教学内容和教学方式时，要有意识地以进一步提升学生课堂参与的积极性和质量为中心，不仅要引导学生积极参与,更要引导学生有效参与。

所谓"学生真正有效参与"是"建构性学习中学生有效参与"的简称,就是指在"启发—建构"取向的学习形态中①,教师通过积极协调课堂系统中各层次的要素与关系,使学生受益于"多元启发",促使学生全员主动从事各种高级学习与认知活动,成功实现真正的有意义学习。这种"学生真正有效参与"的学习可以是学生自主积极建构的(内因),也可以是社会协作建构的(外因)。②

从过程上看,课堂中的学生主体参与,就是教师通过唤醒和诱发学生的主体意识和自主能力,激发学生将自我情感、思维真正投入到课堂学习活动之中,富有激情地主动参与师生、生生之间的交流与互动,并在主动参与、合作探究中积极建构并形成自己的知识体系和学习方法,从而获得课堂参与的自我效能感和主体性的发展。从方法上看,课堂中的学生主体参与,就是通过教师有意识地让学生围绕一定的教学目标进行学习和探索,在凸显学生参与和学生互动的同时,教师可以适时加以合理的调控,使全体学生在理性、有序、高效的课堂参与中,掌握数学知识,增强自己的学习能力。③

为了培养小学生的数学元认知能力,教师需要在数学教学中贯彻一种启发建构式的"学思行统一"模式,协调多元复合学习方式与策略,需要激励小学生的学习情感与学习动力,保证"学生有效参与",实现"成功课堂",促进教学相长,师生并进。本文想通过一个"同质异构"的案例来表达上述的观点。

先来看下面的案例:笔者两次执教《长正方形的面积》一课的片段。

第一次设计:

在引导学生猜一猜长方形面积与什么有关以后,我设计了"摆一摆"的动手操作环节。为每组提供了三个长方形(第一个长 3 厘米,宽 2 厘米,第二个长 5 厘米,宽 3 厘米,第三个长为 6 厘米,宽为 2 厘米)还有 15 个面积为 1 平方厘米的小正方形。要求学生用 1 平方厘米的小正方形测量出长方形的面积是多少平方厘米,并思考长方形的面积和长与宽有怎样的关系。

学生活动的时候气氛很热烈,在动手操作中知道了长方形的面积是多少,体会到长和宽与长方形面积的关系。通过操作后教师的引导讲解,也能理解用长

---

① 王永锋. 从"建构性学习"到"学生有效参与"[D]. 东北师范大学,2009.

② 王永锋. 从"建构性学习"到"学生有效参与"[D]. 东北师范大学,2009.

③ 高焕. 彰显主体参与 追寻有效课堂——小学生数学课堂参与状态分析及其对策[J]. 中小学教学研究,2016(02):16–17.

乘以宽就可以求出一共有多少个面积单位。但是感觉还是教师的讲解过多，缺少学生的思考和体验。操作活动更表现为教师提供学具，学生当操作工，缺少思维含量。在第二个任教班试教，用了第二次设计。

第二次设计：

仍然先引导学生猜一猜，长方形面积和什么有关系。然后安排操作验证环节，提供的三个长方形分别为：长3厘米，宽2厘米；长5厘米，宽3厘米；长15厘米，宽12厘米。这次提供了7个1平方厘米的小正方形，只能铺满第一个长方形。

这次的操作活动，从形式上的积极参与转化成了思维的有效参与。学生是在思考中完成的每一次操作活动。第一个长方形，用6个面积单位就可以摆满，直接知道其面积是6平方厘米；第二个长方形，用面积单位只能摆出一个长和一个宽，学生通过想象可以知道其面积是15平方厘米，同时探究出了计算长方形面积的方法；而第三个长方形，教师提供的7个面积单位，既不能摆满长，也不能摆满宽，有的小组想到了与其他组合作，共同使用面积单位；有的小组用平移面积单位的方法得出了长方形的长和宽分别是多少，以此来推出长方形的面积是多少；还有的组则想到了用直尺来测量长方形的长和宽，推测长和宽中分别能摆出几个面积单位。这样的操作过程，使学生深刻理解了长方形面积公式的由来，并且是在探究中自主发现的，可以说是真正有效的参与。

由上述教学案例可见：

(1)学习的质量由主体的思维程度决定。新课改的"新"指的是新形势，反映的课程改革理念内涵却是亘古不变的学习规律之一，即谁来学习以及如何学习。如今的教学隐患在于学生在教学活动过程中"主体"位置没有真正实现。

(2)教学的高效与低效就在一念之间。这一念包含了如下的内容：谁来学、怎么学，谁来引导学、怎么引导。主体性体现了就够了吗？主动性的质量要不要？告诉学什么再设计一个例题就是引导了吗？举一反三的工夫做了吗？

(3)决定一念之间的是教师。设计一和设计二，只是改变了一下设计结构，对学生的训练意义就骤然不一了。这个改变对于教师而言，并非难事，难的就是"进一步"的意识的有无。翻手为云覆手为雨，讲的不是本事，是本领，是教师之于教学的决定性作用。

(4)数学教师的思想性特质更为重要。教师上数学课要上出数学味，数学课堂要有其他学科课堂所不能替代的思想性。设计二的内容不但为学生提供了广阔的思考空间,注重了学生的思考能力,更重要的是,在教师提供的限定材料下,激发学生自主完成了由具象到抽象的思维过程,其空间想象力、抽象概括能力、团结协作意识都得到了发展。学生在这个过程中的收获绝不仅仅是掌握长方形面积公式及其由来,还有数学思想的拓展和能力的提高。

改变小学生的数学学习方式,提高小学数学的教学效益,根本在于改变小学数学教师的认知方式,没有认知方式的转变,小学数学教师也只能在知识的轨道匍匐前进,专业化就是一句空话。

在教学过程中,学生是主体,小学数学教学需要学生的参与和师生间的互动,其中既有情感体验又有认知过程,小学生在学习中,认知与情感是密不可分的。"积极参与"与教学活动中学生的情感体验直接相关,而"有效参与"则决定了学生的认知情况,即学生真正的知识获得情况。"积极参与"和"有效参与"并不是对立的,两者相互协调、相辅相成、和谐统一。

学生"积极参与"能够保证课堂教学的顺利进行,学生"有效参与"则是课堂教学高效开展的保障。让更多的学生参与进课堂的讨论之中,不是说学生都在教室里就是参与,而是必须给学生提供有价值、有意义的知识,保障学生的获得感。让学生学到东西、给学生自主探究和合作交流的空间,才是有效的参与。教师需要改变传统的教学方式,不断学习并创新教学方法,变学生被动学习为主动学习。例如在课堂上,教师要创设能引导学生主动参与的教育环境,激发和促进学生行为、认知、情感等方面都积极、主动地投入到教学过程中,主动地、富有个性地参与数学学习的全过程,获得生命的意义感,成为意义建构的主体。与其让教师示范演示,不如让学生作为主体实际演练,在做中学,在学中用,进而保证高效的课堂教学效果,保证学生能够真正地参与课堂、真正地做学习的主人。

第二节 做好四个关注,借助新课改推进元认知教学

我国现阶段的新课程改革是一项开创性的新兴事业,需要全新的教育理念和教育实践,在某种意义上可以说是一场教育思想的革命。其中学生学习方式的转变是本次课程改革的显著特征之一。在我国当前的教育实践活动中,"改善学生的思维能力""培养和提高学生的学习能力""教会学生如何学会学习""让学生成为学习的主人"等都已经成为整个社会所关注的教育热点问题。

如今的课堂教学开始由原先的"重教"转向"既重教,更重学",重视学生在课堂上的主体性、能动性。新课改的教学观要求,教学要从"以教育者为中心"转向"以学习者为中心",从"教会学生知识"转向"教会学生学习",从"重结论轻过程"转向"重结论的同时更重过程",从"关注学科"转向"关注人"。新课改的教师观要求,教师要由知识的传授者转变为学生学习的引导者和学生发展的促进者,要从课程的忠实执行者转变为课程的建设者和开发者,要从"教书匠"转变为教育教学的研究者和反思的实践者。

作为数学教学的实践者,如何把握新课改的真谛,是每位教师都应该思考的问题。穿新鞋走老路、顶着磨盘戴着镣铐跳舞都势必摆脱不了平庸。通过不断的教学实践,笔者认为,教师要努力做好"四个关注",要时刻关注学生的学习过程、学习思维和学习目标,带领学生正确认知,从而保证教育教学的效果,这样就有可能把新课改的意义落在实处,新课改的真谛恰恰也是元认知教学发展的方向。

教师在课堂上不仅要激发学生自觉参与、主动参与的积极性,更重要的是要引导学生确立明确参与的学习目标和学会主动参与的学习策略、方法。因此,教师要从"教"这一层面出发,为学生创设积极主动参与课堂学习的途径和方法,使学生在更加高效的参与中获取知识、掌握学习方法和形成数学能力。如教师在课前把将要学习的内容以"学习单"的形式发给学生,不仅能给学生进行有效预习的学习活动提供探究的"脚手架",而且能有效避免学生作为主体在课堂学习中的"自由参与"和"盲目参与①",从而促进学生在主动探索、积极思维的过程中形成和建构属于自己的知识体系,这有助于让学生多参与和喜欢上有意义的数学学习。

一、关注学生思维活动的深刻性,不为课堂的热闹场面所迷惑

深刻有内涵而不是表面的热闹是新课改的真谛所在。新课改要求充分发挥学生的主体作用,而这不是课堂上"小组合作你方唱罢我登场,发言不用先举手"所能涵盖的。只重形而忽视质,实际上并没有触及旧常规教学的改革,因为主体性的充分发挥是浅层次,主动性的发挥质量是深层次,因此在注意激发学生兴趣的基础上,应该着力做到以下三点:

① 高焕. 彰显主体参与追寻有效课堂——小学生数学课堂参与状态分析及其对策[J].中小学教学研究,2016(02):16-17.

（一）为学生提供思维的空间

建构主义理论认为,数学学习并非是一个被动吸收的过程,而是一个以学习者已有的知识经验为基础的主动建构的过程,所以最好的学习是在"做"中学。学生都有好胜心,让他们获得成功感对于学习而言又往往能事半功倍,因此课堂上只要是适合教学的内容,都要给学生创设独立思考、动手操作、探究交流的机会,让学生成为学习活动的主体,充分发挥主动性和积极性。

（二）为学生提供思维的材料

数学课要让学生既长知识,又长智慧,因此更需要教师用高质量的问题激活学生的思维状态,促使学生的认识再上一个新台阶。如教学《长方体的认识》一课时,学生应用手中的实物或学具一组一组数出了棱的条数,此时就应该提出一个富有挑战性的问题:长方体有6个面,每个面都有4条边,一共应该有24条棱,你们为什么只数出12条?经过操作讨论,学生不但加深了对长方体特征的认识,而且培养了空间观念,使他们学会了深刻思考问题的本质。

（三）为学生提供思维的方法

合作时要教学生学会倾听表达,小组内分好工、编好号、定好责,小组长实行轮换制,要让每一次合作都不流于形式。听课时,引领学生抓住每一个知识点背后隐藏的思想方法,教他们学会概括和总结;思考时,能根据题目有针对性地选择画图、列举、实验等方法,才能使学生思维热闹起来,这是以学为本的真正体现,更是提高教学质量而非搞题海战术的根本所在。

二、关注教师对学习活动的服务性,不为教师的权威身份所局限

新课改的教师观要求,教师要从知识的传授者转变为学生学习的引导者和学生发展的促进者,要从课程的忠实执行者转变为课程的建设者和开发者,要从"教书匠"转变为教育教学的研究者和反思的实践者。教师是学生学习的促进者、合作者、引导者,更是服务者。从各个角度处处为学生想到位,不是教学生,而是教学生学,"授之以渔",而非"授之以鱼",是新课改的真谛所在。

（一）课前备差异

每个学生都有自己的生活背景、家庭环境。这种特定的社会文化氛围导致学生有不同的思维方式和解决问题的策略,因此抓准学生的起点,认识差异、尊重差异、应用差异来备课,便是对学生的最大尊重,是对以学定教、以人为本思想的最好诠释。让学生展示还未学过的可已经知道的知识对他们来说是激动人心的。教师要充分调动其积极性,让他们成为课上的小老师,也是尊重差异的具体方法。

(二)课中减负担

减轻学生的负担并不单指减少学生作业的量,更是指减轻学生智力活动的负担,包括化简学生记忆的负担和降低学生理解的负担两方面:

1. 化简学生记忆的负担

学习时,有许多材料需要学生记忆,这一点是不能含糊的。问题是通过引导,有的记忆负担是可以化简的。如在学习小数化百分数时,引导学生用最少的字概括方法,最后只用了六个字:点,右两位,加号。学生记忆不但轻松,而且深刻。

2. 降低学生理解的负担

学生学习是主动建构的过程,教师是这个过程的促进者。这也正是有教师教和没有教师教的区别所在。对于教材的重点,学生学习的难点,教师应该心中有数,该出手时就出手,点透学生大脑皮层蒙着的迷糊纸,促进学生的知识建构过程。知识之间有着密切的联系。数学知识更是如此,及时引导学生理清脉络连点成线、织线成网,形成完整知识的结构,不但能使学生更深地理解知识的来龙去脉,更可以让他们高屋建瓴地审视所学知识。比如一年级上学期初步认识钟表时,只要求学生初步读写几时整、几时半,对于为什么把几时半写成几点30并不理解,下学期再次认识钟表时,学习了 1 时 = 60 分,应该及时沟通知识间联系,让学生思考几时半为什么要写成几点30,促进知识的同化和顺应。

三、关注师生所用文本的基础性,不为现有文本的既定事实所禁锢

双基的价值得以实现,但不限制整合行为是新课改的真谛所在。

(一)以文本为根,落实双基的价值

教材凝聚着编者的智慧,教材中的每一句话都经过了深思熟虑,是落实课程标准要求,实现教学计划的重要载体,所以充分地利用文本,让学生阅读、理解、掌握,学习上遇到困难时能向老师求助,从而使基本知识、基本技能的要求落到实处。我们的教学应该时刻以文本为根,既重过程,又重结论。

(二)以人本为魂,丰富教材的价值

应当看到,教材是一个静止的知识库,无法与学生接受知识的动态过程完全吻合;教材限于篇幅,不可能把所有的教学内容都写得十分详尽;教材面对的是大多数人的逻辑起点,不一定是自己要教的学生学习的现实起点,这就告诉我们,教师应该不依本唯本,而要创造性地使用教材。如教学解决实际问题时,可以利用商店的购物小票展开活动,培养学生应用数学的意识和能力。教学《轴对称图形》时,可以展示学生的预习成果:学生自己制作一个轴对称图形,既扩充了教材内容,也充分发挥了学生的潜能。

四、关注学习目标实现的阶段性,不为目标制定的求全求异所拖累

不面面俱到而有轻重缓急是新课改的真谛所在。教学目标是教学的出发点,也是教学的归宿。新课程标准把学科教学作为育人的一个方面来提,要求从知识到技能、过程到体验、能力到兴趣、情感态度到价值观,方方面面预定生成目标。这是从整体和大局的角度来说的,具体到我们的学科教学,这些目标必须通过每一节课来实现,但不是一节课就能达成所有的目标。许多长期目标不能一蹴而就,不然就会成为空谈。

因此,教师在认真分析学生和客观分析教材的基础上,应该对每一节课结束时的学业行为做出具体规定。一节课的时间有限,如果把目标定得过于饱满,想要求全却会落个残缺不全,这就需要我们对这一节课的目标斟酌轻重,做出取舍,这样才可以落地有音,让每一个学生都能达成学习目标。但是这节课舍去的,下节课不见得舍去,如果心中有整体目标,课堂的连续性、实效性必能达成。

第三节 让信息技术助力数学教改腾飞

以信息技术迅猛发展为代表的网络时代已经来临,信息技术与各个学科的融合是现代小学教学发展的必然趋势,我们现已熟知的多媒体教学正在改变着学校的教学面貌,也促进了新课改的实施。现代化的教学方式不仅能给学生的学习提供丰富多彩的信息资源,而且在充分调动学生学习和探究的主动性方面发挥着重要作用。目前,信息技术在教学中的应用不断深入发展,信息技术与教学的融合效益是学校现代化的重要标志,我们要努力研究,让信息技术助力数学教学改革腾飞。

2015 年 5 月 23 日,习近平在给国际教育信息化大会的贺信中指出:当今世界,科技进步日新月异,互联网、云计算、大数据等现代信息技术深刻改变着人类的思维、生产、生活、学习方式,深刻展示了世界发展的前景。推动教育变革,构建网络化、数字化、个性化、终身化的教育体系,建设"人人皆学、处处能学、时时可学"的学习型社会,培养大批创新人才,是人类共同面临的重大课题"。

把传统小学教学方式的优势和数字化大环境下教学的优势结合起来,使两者优势互补,这是当下社会发展的趋势,也是教育学习的重大变革。数字化教学有助于改变现行课堂教学的缺憾,丰富了学习资源,创设了宽松、融洽的学习氛围,活跃课堂气氛,启发学生思维,使学生在积极参与、充分交流中体验到学习和成功的愉悦,从而切实提高小学课堂教学的有效性,促进学生综合素养稳步提升。

一、教学设计要用先进的理念作指导

信息技术与课程融合,就是将信息技术有效地融合于各学科的教学过程来营造一种信息化教学环境,实现一种"自主、探究、合作"为特征的教与学方式,从而把学生的主动性、创造性较充分地发挥出来,使传统的以教师为中心的课堂教学结构发生根本性变革。其中,信息化教学环境是为了支持新型教与学方式;新型教与学方式是为了变革传统教学结构;变革传统教学结构则是为了最终达到创新精神与实践能力培养即创新人才培养,这是"融合"的最终目标。只有从这三种基本属性,特别是从变革传统教学结构这一属性去理解"融合"的内涵,才能真正把握信息技术与课程融合的实质。从这一本质出发,我们就清楚了,课堂上不是以技术为中心,不是以教师为中心,而是以学生的成长为中心。为了技术而丧失教育的本质,或者为了技术而技术,都是不可取的。教育在信息技术面前,不应是低眉顺眼的仆人,信息技术与课程融合不是简单的技术应用,不是单一的辅助教学,而是一个高层次的融合与相互适应的过程。

二、实践操作要把握好三个关键点

第一个关键点:学科本体是使用信息技术的核心。

在上课以前,教师首先要做好的是对教材对学生进行深刻的分析,弄清学生的现实起点,根据教材和学生确定适切的目标,在此基础上选择合适的方法,构思合理科学的教学过程。对于一堂课而言,必须要抓住学科本体及其结构,先有思路,后有需要,再有软件。教和学方式的革新绝不仅仅是指知识的呈现方式的变化,关键是学生学科基本思想的养成,这是一堂课的本质和核心。例如教学三年级《秒的认识》一课,由于一年级已经认识了时和分,知道了 1 时 = 60 分,所以对于 1 分 = 60 秒,容易顺势迁移过来。但是 1 秒钟、10 秒钟、60 秒钟等时间到底有多长,对于学生来说非常抽象,体会秒这一计量单位所表达的时间量值内涵要困难些。因此可以设计动态的、有声音的、能反复演示的钟表模型,带领学生感悟时间的长短,让抽象的 1 秒、10 秒等时间看得见、听得见,形象直观起来,帮助学生成功建立时间的表象。

第二个关键点:融合点是使用信息技术的关键。

通常情况下,我们把知识的重点、难点处,学生容易产生疑惑处,知识比较抽象不好理解处,利用生活中的知识解决问题处,确定为融合点,选择使用信息技术来突出重点,突破难点,帮助学生学习。我们要通过软件的制作,化解学生理解上的困惑,让学生学会学习,学会思考。例如教学《长方体的认识》一课,学生往往因为缺乏空间观念难以数清长方体棱的条数,这是可以设计多媒体课件,化抽象为具体,不但帮助学生正确数出棱的数量,也帮助他们建立起初步的空间观念。

第三个关键点:因材施教是使用信息技术的目标。

六年级最后一学期组织学生进行整理复习时,笔者上了一节《平面图形的周长面积总复习》。这节课"旨在帮助学生连点成线,织线成网,构建完整的知识体系,牢固掌握有关平面图形的周长和面积计算。课前做了一次调查,发现全班53名同学,已有40名同学熟练掌握了所有平面图形的周长和面积计算公式,如果根据有问题的13名同学的学情设计,必然会阻碍这40名同学的发展,并对学习产生厌烦情绪。为此在带领这13名同学回顾周长和面积计算公式的推导过程时,为另40名同学创设了一个自主学习的环境:使用设计好的交互式课件,完成一些复习问题。在这节课上,现代教育信息技术成为学生学习数学和解决问题的强有力工具,为真正落实个别化教学的思想、实现因材施教带来了生机。这样教学不但增加了大部分学生对学习的兴趣,复习了一些拓展延伸的知识,还能使老师腾出更多的精力来帮助有困难的13名同学,使不同的学生得到不同的发展。

总之,信息技术为教师和学生创造了一个现代化的学习环境,对教师的教学提出了新的要求。教师应该保持终身学习的态度,创新教与学的方式和评价方式,全面提高学生素质,提高教育质量。现代化、信息化的教学环境能够进一步确立学生在课堂上的主体地位,促进学生的自主学习、探究学习和合作学习。

作家威廉·吉布森说:"未来已经到来,只不过还没有分布均匀。"信息技术与数学学科教学的融合,是对"坚持以人为本、全面实施素质教育"的战略主题的深刻理解,是在深层次利用先进科学技术促进教育发展的创新实践,更是对"未来已来"的生动诠释。

我们的研究将继续深入推进。第一,面向未来,育人为本。我们将面向未来国力竞争和创新人才成长的需要,努力为每一名学生提供个性化学习的信息化环境和教育服务。第二,深度融合,引领创新。进一步探索现代信息技术与数学教学的全面深度融合,以信息化引领教育理念和教育模式的创新,充分发挥教育信息化在教育改革和发展中的支撑与引领作用。第三,应用驱动,共建共享。以人才培养、教育改革和发展需求为导向,开发和应用优质数字教育资源,构建信息化学习和教学环境,建立多方参与、共建共享的开放合作机制。

第四节　做数学游戏的创造者

柏拉图认为,游戏可以引导出孩子的学习天性,因此主张以游戏方式教育下一代。教育游戏的基本思想在于顺应人类文明发展的历史潮流,承认并尊重学习者当前的生活价值,其基本目标和实现方法在于促进学习者真正"生活的体验与乐趣"和"学习的目的与手段"的融合,使学习者快乐地学习。学习者也只有自发主动地去学习,才能获得最好的学习效果。

课堂是"人师"与"经师"完美结合的场所。上好每一节数学课,就是教师和学生进行了一次有效的对话,每一节好的数学课,都是学生人生路上起飞的一处加油站。教师想要上好每一节数学课,不仅要对学生学科知识和学习方法的教学到位,还要注重激发学生的学习兴趣,让学生积极主动地参与到课堂教学中来,这就离不开数学游戏的设计。一名优秀的数学教师,应当善于将数学游戏运用于教学设计与实践,有意识地做数学游戏的创造者和思考者。

一、数学游戏举例

(一)倍数、公倍数练习

1.全班按顺序报数,数到某一个数的倍数时,不许说出这个数,而要说"过"。如,规定4的倍数,那么4、8、12……都要说"过"。

2.全班按顺序报数,遇到某两个数的公倍数时要说"炸"。如4和6、5和10、6和9。

(二)锻炼注意力游戏

1.将1—25写到5乘5的方格内,让学生按照顺序找到1—25,看谁按照顺序数出25个数用时最少。

2.让学生听故事(文章),统计其中某个文字出现的次数。

3. 让学生听数,是质数(奇数)的举右手,是合数(偶数)的举左手。

4. 让学生听句子找不同。

例1:

树林里的动物和植物充分享受着大自然的阳光和雨露,自由自在地成长。

森林里的动物和植物充分享受着大自然的阳光和雨露,自由自在地成长。

例2:

我有一个美丽的愿望,长大后做一个植物学家,种出世界上最美丽的花送给妈妈。

我有一个美好的愿望,长大后做一个植物学家,种出世界上最美丽的花送给妈妈。

(三)猜数小游戏

1. 让一个学生背对黑板,其他同学面向黑板,请一位同学在黑板上写一个1000 以内的数,请背对黑板的同学来猜,其他同学只许提示大了或者小了,帮助猜的同学确定区间。看谁用的次数最少。如果猜得准确应该在 10 次内猜出,因为 2 的 10 次方是 1024。

2. 质数合数练习。让学生在练习本上听教师描述写数,在一步步的描述中缩小范围,最后看谁最快确定出教师描述的数。例如,这个数是 2 的倍数这个数也是 4 的倍数,这个数是最小的合数。

3. 一学生在练习本上写一个整数(可以限定范围,如 100 以内或者 1000 以内),让其他同学来猜。应用学过的知识提问:如,它比 100 大吗? 它是 5 的倍数吗? 看谁用最少的次数猜出来。

(四)学习方程后的练习

让学生想出自己的年龄和出生月份,也可以是家人的信息,然后按照要求进行计算,算出结果告诉老师,老师猜你想的年龄和月份。教师口述过程:(年龄 ×2 +5)×50 + 月份 −250。学生报算的结果,教师猜一猜,然后写算式来验证。试着让学生互相猜一猜。

(五)竖式计算后的练习

每名同学自己想一个数(一位数、两位数均可),给这个数乘 1667,计算出结果。老师来猜,如果你想的是一位数,说出积的末一位,若想的是两位数,说出积的末两位。

猜法:给末一位(两位)乘 3,在积的末尾取相应的一位、两位,结果就是学生想的那个数。

（六）上下左右练习

贴鼻子游戏。黑板上画一个人头简笔画，面部只缺少鼻子。用小组合作的形式，让一名学生蒙眼贴鼻子，其他学生指挥，要求用到上下左右描述位置，把鼻子贴到合适的位置上。

（七）观察物体练习

我来摸你来猜。教师指一名学生到前面，让学生摸出箱子里的立体图形，然后描述出立体图形的特点，让其他同学猜一猜是什么。通过猜一猜环节，激发学生的学习兴趣，为下面观察物体的学习做好铺垫。

（八）倍的认识练习

拍手游戏。老师拍两下，学生拍三个两下；老师拍三下，学生拍两个三下……

通过游戏，学生明确了几个几。新课后再拍手，这回拍老师的几倍。这样通过游戏，学生就能充分感知倍是在几个几的基础上产生的。

（九）100以内口算加减法练习

传接数的游戏。以小组为单位，老师小声地告诉第一个同学一个数字，然后用这个数字减（加）5，把得到的数传给第二个同学，第二个同学再用听到的这个数减（加）5，把得到的数告诉给第三个同学，以此类推，直到最后一个同学算完并举手表示结束。然后传数最快和算得对的小组获胜。通过让学生动脑、动口，多种感官处于一种积极活动状态，加深学生对"100以内加减法"口算方法的掌握，提高学生口算能力，在活动中既培养了学生的思维能力、语言表达能力，又培养了学生的合作精神。

（十）十以内加减法练习

和学生互动，一共有10个小球，教师藏在左手和右手的手心里各若干个，不让学生看到。然后展示左手（右手）有几个，让学生猜右手（左手）有几个。

（十一）由西蒙斯（Gustavus Simmons）所设计的两个人玩的简单游戏

游戏首先由圆内六边形的顶点A，B，C，D，E，F开始，玩的人轮流使用不同颜色的笔以直线连接任意两个顶点。

总共只有15条可能的直线，所以这个游戏必定可在有限的时间内结束。游戏的规则是要避免所连的直线（相同颜色者）形成三角形，否则就输了。在两种不同颜色的笔把15条线都画完之前，必定会形成一个同颜色的三角形，所以一定能分出胜负。

（十二）大炮打蚊子

在黑板上画一个十字,将一个纸片制作的大炮放置在中心点,蚊子的图片随意放置并变换位置,一学生蒙上眼睛面对黑板,听同学们指挥(告诉黑板上的同学向左还是向右旋转炮管),用大炮打中蚊子。

（十三）猜数学谜语

再见吧,妈妈	数学名词(分母)
负荆请罪	数学名词(求和)
连年增产10%	成语(一成不变)
12345	成语(屈指可数)
246810	成语(无独有偶)
0000	成语(万无一失)
54321	(打一数学名词)(倒数)
13579	(打一成语)(无奇不有)
125678910	(打一成语)(丢三落四)
345678910	(打一成语)(一干二净)
23456789	(打一成语)(缺衣少食)
1111	(打一成语)(始终如一)

1000 的平方 $= 100 \times 100 \times 100$(打一成语)(千方百计)

二、数学故事和数学趣题举例

随着全科阅读的推进,以演绎数学故事探索数学知识的教育方式在小学数学教学中成为优化创新的一大亮点[1],这是因为故事更易激发学生学习兴趣,由于故事性演绎活化了抽象逻辑的机械刻板,更加符合小学阶段学生成长特点和学习需求,而且在数学故事教学中,更容易打通知识与生活之间的通道,有利于让学生感受数学与生活的紧密联系。数学趣题则更能激发学生思考,培养思维能力,激发学习数学的兴趣。

（一）加减法

一家手杖店来了一个顾客,买了一根30元的手杖。他拿出一张50元的票子,要求找钱。而店里正巧没有零钱,于是店主到邻居处把50元的票子换成零

---

① 李娟. 故事演绎数理知识的小学数学课堂探索[J]. 好家长, 2018(31):1.

钱,给了顾客20元的找头。顾客刚走,邻居就慌慌张张地奔来,说这张50元的票子是假的。店主不得已向邻居赔偿了50元,随后出门去追那个顾客,并抓住他说:"你这个骗子,我赔给邻居50元,又给你找零20元,你又拿走了一根手杖,你得赔偿我100元的损失。"这个顾客却说:"一根手杖的费用就是邻居给你换零钱时你留下的30元,因此我只拿了你70元。"请你计算一下,手杖店真正的损失是多少?

(二)余数问题

八戒去花果山找悟空,大圣不在家。小猴子们热情地招待八戒,采了山中最好吃的山桃整整100个,八戒高兴地说:"大家一起吃!"可怎样吃呢,数了数共30只猴子,八戒找个树枝在地上左画右画,列起了算式,$100 \div 30 = 3 \cdots\cdots 1$。

八戒指着上面的3,大方地说,"你们一个人吃3个山桃吧,瞧,我就吃那剩下的1个吧!"小猴子们很感激八戒,纷纷道谢,然后每人拿了各自的一份。悟空回来后,小猴子们对悟空讲今天八戒如何大方,如何自己只吃一个山桃,悟空看了八戒的列式,大叫:"好个呆子,多吃了山桃竟然还嘴硬,我去找他!"

哈哈,你知道八戒吃了几个山桃?

(三)加法交换律

《庄子》里有一则寓言故事。宋国有一个人养了一群猴子,大家都叫他狙公。狙公懂得猴子的心理,猴子也了解他的话,因此,他更加地疼爱这些能通人语的小动物,经常缩减家中的口粮,来满足猴子的食欲。有一年,村子里闹了饥荒,狙公不得不缩减猴子的食粮。但他怕猴子们不高兴,就先和猴子们商量,他说:"从明天开始,我每天早上给你们3颗栗子,晚上再给你们4颗,好吗?"猴子们听说它们的食粮减少了,都咧嘴露牙地站了起来,非常生气。狙公看了,马上就改口说:'这样好了,我每天早上给你们4颗,晚上再给你们3颗,够吃了吧!'猴子们听说早上已经从3颗变成了4颗,以为食粮已经增加了,都高兴地一起趴在地上,不再闹了。其实呀,$3 + 4 = 4 + 3$,猴子每天吃的果子一样多,根本没有多吃。由于猴子没有把数学学好,就以为真的占到便宜了。

(四)千叟宴

乾隆年间,曾经组织全国的长寿老人,举行了一次千叟宴。会上乾隆见到了这次宴会最长寿的老人,见老人精神矍铄,笑声爽朗,不由感慨万千,为老人写下了一副对联,上联是:花甲重开,又加三七岁月,下联是:古稀双庆,更加一度春秋。这副对联也正是老人的年龄。你能猜出老人当年多少岁吗?

（五）数学故事与数学思想

在我们熟悉的故事中,有不少蕴涵着常用的数学思想方法。如果我们能利用这些故事培养相关的数学思维,解决数学问题,往往会收到事半功倍的效果。

1. 整体思想

从前,有一个国王在大臣们的陪同下,来到御花园里散步。国王看着前面的水池,忽然心血来潮,问身边的大臣:"这水池里共有多少桶水?"众大臣一听,面面相觑,全都答不上来。国王发旨:"给你们三天时间考虑,回答上来的重奖,答不上来的重罚。"

大臣们用桶量来量去,怎么也量不出一个确切的数据来。转眼三天就到了,他们依然一筹莫展。就在此时,一个少年走进宫殿,声称自己知道池塘里有多少桶水。国王命令那些战战兢兢的大臣带少年去看池塘。少年却笑道:"不用看了,这个问题太简单了。"国王乐了,说:"那你就说说吧。"少年说:"这要看用多大的桶来装这个池塘里的水。如果那个桶和这个池塘一样大,那就是一桶水;如果那个桶是这个池塘的二分之一大,那就是两桶水;如果桶是池塘的三分之一大,就是三桶水……"国王哈哈大笑说:"完全正确。"然后,重赏了那个少年。

大臣们为什么不能解决国王的问题呢? 因为他们掉进了思维的窠臼里:一桶一桶地量。而少年则撇开了池塘的大小,从桶的角度思考问题,结果一下子就解决了。我们在解决数学时,要学会从整体出发,把握整体和局部的关系,把数学问题当作一个整体来思考。

2. 鲁班造锯与类比思想

鲁班造锯是学生熟悉的一个历史故事。当鲁班的手不慎被一片小草割破后,他通过仔细观察发现小草叶子的边沿布满了密集的小齿。于是便产生联想,根据小草的结构发明了锯子。鲁班在这里就运用了"类比思想"。

所谓"类比思想",就是在两类不同的事物之间进行对比,找出若干相同或相似点之后,推测在其他方面也可能存在相同或相似之处的一种思维方式。

类似的故事还有"叩诊法"的发现。18 世纪中叶,奥地利医生奥恩布鲁格发现,制酒商经常用手指关节敲叩木制酒桶,凭着叩声的不同,就能准确地估计出桶内还有多少酒。由此他联想到,是否可以把人的胸腔类比作酒桶,根据用手指敲叩患者胸部所得的不同音响来作出诊断呢? 由此他发明了"叩诊法",此法至今仍是临床医疗中常用的诊断方法之一。

在数学学习中,应用类比推理的例子很多。比如,从整数的运算与性质,可以推想小数和分数的运算与性质;从除法商不变的性质推想分数的基本性质和比的基本性质等。

3. 曹冲称象与转化的思想

在曹冲称象的故事中,聪明的曹冲运用了这样一种方法:要知道大象的体重但不能直接去称,便把问题变为容易办到的去称石头的重量,最后由石头的重量还原为大象的体重。

这里曹冲运用了一个极为普遍的思想:转化的思想。即把有待解决的问题,通过适当的方法,转化为已经解决或已经知道其解决方法的问题。

类似的故事还有"七桥问题":在 18 世纪,东普鲁士哥尼斯堡(今俄罗斯加里宁格勒)内有一条大河,河中有两个小岛。全城被大河分成四块陆地。河上架有七座桥,把四块陆地联系起来。当时许多市民都在思索如下的问题:一个人能否从某一陆地出发,不重复地经过每座桥一次,最后回到原来的出发地。这就是历史上有名的哥尼斯堡七桥问题。大数学家欧拉用"一笔画"的方法解决了这个问题,就是巧妙地运用了转化的思想。

在我们的数学学习中,运用转化方法的例子是很多的。如,平行四边形、三角形、梯形的面积公式均为转化成学过的图形面积;除数是小数的除法计算要转化为整数除法来计算等。

4. 司马光砸缸与逆向思维的思想

司马光砸缸的故事,是人们很熟悉的历史故事。当一个小朋友掉进大水缸里以后,其他小朋友想到的是让"人离开水",当无法把落水小孩捞起时便惊慌失措。司马光想到的却是让"水离开人",在紧要关头把缸砸破让水流去,救活了这个小朋友。这里便运用了逆向思维的方法,即"人离开水"的逆向思维是"水离开人"。

逆向思维是一种积极的具有创造性的思维形式。它可以培养人们思维的灵活性与创造性。然而人们却往往受习惯思维(思维定式)的影响,喜欢从正面,也就是顺向去思考问题,而不愿意或很少从反面,也就是逆向去思考问题。实际上,有些问题,正难则反,如果我们不受思维定式的影响,从反面逆向的角度去思考问题,或逆用公式、性质等,常常可以收到意想不到的效果。

逆向思维的运用是很广泛的。我们可以逆用公式、性质、法则等进行思考、计算、化简,在游戏中也可运用逆向思维的方法。

5. "道旁李苦"与反证法的思想

王戎七岁的时候,和小朋友们一道玩耍,看见路边有株李树,结了很多李子,枝条都被压断了。那些小朋友都争先恐后地跑去摘。只有王戎没有动。有人问他为什么不去摘李子,王戎回答说:"这树长在大路边上,还有这么多李子,这一定是苦李子。"摘来一尝,果然是这样。(《世说新语》)

这个故事说明,王戎小时候能够勤于观察、善于动脑,能根据有关现象进行推理判断,而且他的推理是正确的。这里王戎运用的就是反证法的思想:论题是树在道边而多子,此必苦李,论证过程应是:假使不是苦李,那么长在道边没人看管的李子一定会被人吃了,但实际上李子却没有人吃,这与假设相矛盾。所以,假设不成立,一定是苦李。

6. "大敦穴"的发现与归纳法的思想

《内经》是我国最古老的一部医学宝典,其中的《针刺篇》曾记载了这样一个故事:有一个樵夫经常犯头疼病,但找不到治疗的办法。有一次,这个樵夫上山去砍柴,无意中碰破了足拇指,出了一点血,但这时他却感到头部不疼了,当时他也没有在意。后来,他的头疼病复发,在砍柴时又偶然碰破了上次碰破过的地方,这时他的头疼病又好了,这次却引起了他的注意:奇怪,为什么碰破了这个部位,我的头疼病就好了呢? 于是便记住了这个部位。以后,每当他犯头疼病的时候,就有意识地去刺破这个部位,结果头疼病马上就好了,或是减轻了疼痛。这个樵夫所碰的部位,就是现在人体穴位中的大敦穴,它在足拇指的指甲的外侧根部。这个樵夫发现大敦穴的过程,就是采用了归纳法的思想。

归纳法就是从特殊的具体的认识推进到一般抽象认识的一种思维方式。它是科学发现的一种常用的有效的思维方式。

比如:"哥德巴赫猜想"的发现、多面体中的"欧拉公式"的发现都是运用归纳法的典型例子。数学中的例子更是不胜枚举:三边形内角和推导、一些运算定律等无不是用归纳的思想得出的。

7.《庄子》与无穷的思想

早在远古时代,无限的概念就比其他任何概念都激动着人们的感情,而且远在两千年以前,人们就已经产生了对数学无穷的萌芽认识。在我国,《庄子》一书中有言:"一尺之棰,日取其半,而万世不竭。"从中就可体现出我国早期对数学无穷的认识水平。而我国第一个创造性地将无穷思想运用到数学中,且运用相当自如的是魏晋时期著名数学家刘徽。他提出用增加圆内接正多边形的边数来逼近圆的"割圆术",并阐述道:"割之弥细,所失弥少,割之又割,以至于不可割,则与圆周合体而无所失矣。"可见刘徽对数学无穷的认识已相当深刻,正是以"割圆术"为理论基础,刘徽得出徽率,而其后继者祖冲之更是得出了圆周率介于 3.1415926 与 3.1415927 之间的领先国外上千年的惊人成果。

小学数学的学习中有许多无穷思想的渗透。例如,将圆形切割为近似的平行四边形,将圆柱体切割为近似的长方体等,其过程都是无穷切割,通过想象其终极状态,体会无限逼近的极限思想。

以上案例寓数学问题于游戏、故事之中,让学生在玩的过程中学到数学知识、数学方法和数学思想。数学游戏对于改善我们的课堂教学具有重要的作用,使数学课充满了生动性、趣味性,充满了生命力。教师将数学游戏融入教学中,唤起学生的数学学习兴趣,帮助学生树立正确的数学学习态度,激发学生数学学习的主动性和创造性,在使学生获取数学知识的同时感受数学思想。开阔、活跃的思维是认知基础和认知发展的必要条件,数学游戏数学故事在教学中的运用充分调动了学生的思维活力,对于增强学生的元认知意识、提升数学元认知能力有重要的作用。

第五节　做教与学的反思者(教学日记节选)

要培养学生的数学元认知能力,教师要有一定的元认知能力。不断反思自己的教育教学工作,反思自己的行为,才能使自身的元认知能力得到提升。下面是笔者的几篇教学日记,从中可以窥见对自身行为与思想的反思。

(一)做科研型教师不是梦

今天学习《简单的分数乘除法应用题》,设计了这样一个练习:看下面一段话提问题并解答,试一试能提出几个问题:

实验小学始建于 1901 年,距今已有 121 年的历史,创办初期只有 13 位教师、8 个班级,现在有 53 个班级,155 名教师,学校占地面积 13000 平方米,大约是初建校时的 $\frac{13}{2}$,现在在校学生 1900 人,约是五年前的 $\frac{19}{15}$,新建成的操场占地 2000 平方米,操场铺设人工草皮,绿色草皮占 $\frac{7}{10}$,红色跑道占 $\frac{1}{5}$,其余的是白色线条。

设计的意图:一是把学生的数学学习与生活联系起来,让他们感受教学的亲切;二是要尊重个体差异,让不同的学生得到各自的发展,但是在学生列式后,订正交流时,我却犯了一个错误,自认为极尽激励,让写得最多的同学说一说算式,这样写得少的同学便失去了表现的机会,尊重差异的理念并没有落到实处。过两天再上这节课时要改过来,从写一个算式说起,其他同学逐一补充,给更多的人留下发展的空间。

看来做科研型教师不是梦,只要多思考、多探究、勤动笔,把别人熟视无睹的东西撩开幕布看个究竟,就能成就机遇对自己的偏爱。

(二)真诚的鼓励和赞赏是最有效的药方

对于学习成绩优秀的学生,得到老师和家长的表扬是轻而易举的事情,而对一个学习暂时落后的学生来说,却是凤毛麟角的。殊不知,对于批评和急躁,他们早已经穿上了厚厚的"盔甲",没有感觉了。如果老师能够发现这些学生的闪光点,及时地、真诚地鼓励和赞赏,却总是能收到奇效。

马某是一个成绩落后又调皮的男孩子。今天作业又是一堆错号。我下课的时候告诉他放学后来找我改错题。回到办公室我便忙起了手头的杂务,把叫他来办公室的事情给忘了。过了一会儿,他和爸爸一起来到了我的办公室。他的爸爸脾气暴躁地和我数落孩子如何不听话,如何不认真学习。我回头看看马某,一副无所谓的样子,心中料定这些早已是家常便饭,恐怕父亲的拳脚相加都不罕见。我轻轻拉过马某,摸着他的头说:"马某爸爸,您说错了! 马某记得刘老师叫他来改错题,诚实地告诉你来找我,这是值得表扬的行为,您怎么没发现呢?"话音刚落,他的父亲一怔,没有说出话来。我把眼睛转向马某,发现他的表情一下子变得温顺了,不再是那副桀骜不驯的样子,眼睛看着我们,神色也庄重起来。我接着说:"马某同学,由于你今天的诚实,刘老师让你回家认真改正错题。冰心都说,调皮的男孩是好的,调皮的女孩是巧的。你一定能成为一个好学生,以后一定要认真完成作业,好吗?"我知道,他明天一定能交上作业,我也知道,他一定还会反复,我更坚信,只要坚持培养,他一定能不断进步。

(三)对智慧没有挑战性的课堂教学是不具有生成性的

今天在《基础教育课程改革纲要解读》中读到一句话"对智慧没有挑战性的课堂教学是不具有生成性的",感觉振聋发聩。禁不住认真反思了自己的课堂。

孩子们喜欢上我的课。因为我总是精心地准备每一节课,把生活和趣味融入数学课堂:讲《长正方体表面积与体积的比较》时,用小猫冬天为什么蜷着身子睡觉做例子穿插全课;讲《环形面积》用懒汉吃饼的故事引入;学完了质数、合数,能被2、5、3整除的数,孩子们下课不再玩耍,还在玩着上课没玩够的猜数游戏:"我想了一个数,你来猜。""是质数吗?""能被2整除吗?""它比50大吗?"他们玩得兴趣盎然。在我的数学课上有个规定:如果这节课大家学得认真、效果好,就留出三分钟讲一个数学故事。这个故事的诱惑力真大,于是我手中的《500个数学故事》每日必带。如今我们班已有 $\frac{1}{3}$ 的学生人手一本,让数学走进他们的心灵。刚刚学完长方体、正方体的认识就有同学急着要告诉大家欧拉公式,复习了《平面图形的面积》后,狄多公主用牛皮圈地的故事就尽人皆知了。但是认真地反思一下,我也发现以前自己的课有点华而不实,虽然学生在课堂上开开心心、热热闹闹,但外在形式上的活跃过多,挤占了数学思维的含量。有效的课堂追求简单实用,生成的课堂需要智慧和耐心,数学课要教会学生"数学地思考"。因此我要在以往激趣的基础上,要更加注意设计思维含量高的问题,引导学生概括、总结、分析、思考,真正学会和会学。前几天在教学《质数和合数》一课时,上课伊始,我就提出问题:"今天我们学习质数和合数。教材72页是《质数与合数》的内容,让我们填出1至20各数的因数并且数出因数的个数,这说明什么呢?"这个问题,不但点中了这节课的精髓,也教会了学生在思考中读书,在读书中感悟。这样的课一日日上下去,同学们学会了思考,学会了享受数学的智慧,孩子们就能越学越聪明。我的数学课要这样上下去!

(四)学生的潜能像空气

这道思维拓展题目的解法一直记录在我的笔记本上。今天又打开看了一遍,禁不住再次感慨,弟子一定能贤于师,关键看教师怎样培养,是否给学生足够的思考空间。题目是:一个圆柱形容器,底面半径9厘米,里面装有3.6厘米深的水。现将一根底面半径3厘米,长15厘米的圆柱形铁条竖直插入这个容器底部(铁条未被完全淹没),这时水面的高度是多少?

备课时,我的方法是列方程解答:设水面升高了X厘米,因为水的体积是不变的,所以列方程为 $9 \times 9 \times 3.14 \times (X+3.6) = 9 \times 9 \times 3.14 \times 3.6 + 3 \times 3 \times 3.14 \times (X+3.6)$

解方程 $X=0.45$

$0.45+3.6=4.05$

学生的解法一:设此时水面升高了X厘米,因为上升的水的体积就是浸入水中的圆柱体的体积,所以列方程为:

$9 \times 9 \times 3.14 \times X = 3 \times 3 \times 3.14 \times (X+3.6)$

解方程 X = 0.45　　　0.45 + 3.6 = 4.05

学生的解法二：

放入圆柱体以后，此时水的形状是一个底面为环形的柱体，形状变了，但水的体积没变。

$9 \times 9 \times 3.14 \times 3.6 = 915.624$ 立方厘米（水的体积）

$9 \times 9 \times 3.14 - 3 \times 3 \times 3.14 = 226.08$ 平方厘米（环形的底面积）

$915.624 \div 226.08 = 4.05$ 厘米（此时水的高度）

多么简洁清晰的方法！回忆起来禁不住就感慨万千，学生的潜能就像空气，放到多大的空间里就有多大。一年级的孩子也给我带来了不断的惊喜。今天练习大于号小于号，我出了发散性练习题 9 < (　　　)。学生从 10 说起，说了几个以后，我说咱们每人都说一个不同的也说不完吧？他们说对呀，可以说 100，也可以说 1000，我就写了一个省略号，说，那谁能用一句话就都说出来呢？说了几个同学后，小晨说，只要是比 9 大的数就可以！哇！好强的概括能力，这只是一个六岁的，刚入学半个月的孩子。接着出示 7 > (　　　)，第一个孩子说填 6，第二个孩子说填 1，马上有学生反驳，他没有按照顺序说，我问那应该按照什么顺序，写几，一直写到 0，我问还有吗？精彩又诞生了。小瑞举手说还有负数。学生的起点真的不再是课本规划的逻辑起点了，抓住现实起点，给他们探究的空间，展现的机会，课堂就有无限的精彩。

（五）教师应该是先行者，也应该是智者

一年级刚刚入学的孩子要认识第几，为了区别，我让学生根据我的要求，给一排（7 只）小鸭子做标志，给第 × 只鸭子圈上长方形、圆形、三角形。我在黑板上画了示范，圆形，三角形，长方形（　　　　　），然后请学生给第二只小鸭子圈圆形，第四只圈三角形，第三只圈长方形，结果在圈第三只的时候遇到了问题，学生纷纷表示，第三只圈不开了！（教材中的图比较小，小鸭子挨得很近）我看了看自己画的长方形，顿时明白了，孩子们理解的长方形必须是老师示范的样子的，于是赶紧在黑板上画了一个这样的长方形，　然后告诉他们长方形可以躺着睡觉，也可以站起来。这下他们松了口气，说这样可以画了！

通过今天的活动，我更体会到作为了一个数学老师的重要性。要传递给学生的数学概念必须是准确的、全面的，数学思想、数学方法必须是剔除非本质属性的，必须能够拨开学生大脑里的迷雾。如果当时画在黑板上的长方形，就既有躺着的,也有站着的,恐怕学生就不会困惑了。教师的作用太重要了! 教师相对于教材和学生来说是先知者,应该思考这些内容对于学生来说理解的难点在哪里,把问题设置在难点、重点、易错易混点上,教师提出的关键问题要具有一定的预见性和启发性,让学生把问题想清楚后就理清了知识脉络,捅破了大脑上蒙着的迷糊纸。教师要高屋建瓴把握数学知识之间的关联,这样就能准确把握课堂的重点和难点。这也恰恰是教师作用的体现。

教学人教版六年级分数乘法的解决问题时,也有深刻的感悟。数学问题是这样的:一块地 480 平方米,一半的地用来种萝卜,萝卜地的四分之三种红萝卜,问红萝卜多少平方米? 教材中出示了两种解法。一种是先求出萝卜地的平方米数,再求红萝卜的平方米数,另一种是先用二分之一乘四分之三,求出红萝卜占整块地的八分之三,然后用 480 乘以八分之三。第二种解法相对来说很难理解。但是我发现,很多孩子能有这种思路,并且表达得非常清楚。下课后,与其他老师交流,更肯定了这一点,因为其他班老师都反映这种方法太难了,学生不理解。这让我不由得认真反思,为什么我们班学生对这种思路理解深刻呢? 回顾了一下自己的课堂,我找到了根源。在学习分数乘分数时,为了帮助学生理解其算理,我带领学生反复练习画图,例如 $\frac{3}{8} \times \frac{1}{2}$,在长方形纸上折并用左斜线描出 $\frac{3}{8}$,(图 7 - 1)接着折并用右斜线画出 $\frac{3}{8}$ 的 $\frac{1}{2}$(图 7 - 2),从图中即可看出,$\frac{3}{8}$ 的 $\frac{1}{2}$ 是整幅图的 $\frac{3}{16}$。一堂课多次类似的练习,学生不但掌握了分数乘分数的算理,同时也为解决转换单位 1 的问题奠定了基础。数学课,考量教师的先行者角色,也考量着教师的智者角色。

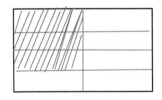

图 7 - 1　一张纸的 $\frac{3}{8}$

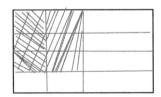

图 7 - 2　一张纸 $\frac{3}{8}$ 的 $\frac{1}{2}$

(六)建立计量标准的惊喜

这是六年级的一节复习课,复习量的计量。我想引导学生们体会建立标准的重要性。于是先尝试比画 1 分米,并且用尺子测量了自己的估计有没有误差,学生找到了自己的手掌宽这个比较实用的标准。接下来到 1 米了,我说怎样估计 1 米呢? 自己先想一想,再试一试,然后和同桌讨论讨论。汇报的时候,小纪同学说,用地面上的地砖做标准,一块地砖的边长大约是 50 厘米,两块地砖的长度就是 1 米了。

　　这时候,我看见米泽同学先是两只手手心向上并拢着,然后一个手挪动到另一只手的旁边,接着又这样挪,我心里明白了,他是用手掌的宽度当标准,通过倒替,用 10 个手掌的宽度总和来表示 1 米! 好聪明的孩子,真能活学活用! 我禁不住学着米泽的样子问同学们,米泽同学这是干什么啊? 同学们有些诧异,我说让米泽为你们做个示范吧。

　　等到米泽同学上来的时候,却不先忙着动手,而是跑到窗户旁边。他要干什么? 我也诧异了。只见他跑到窗户跟前,指了指窗台说,从这开始。然后才开始比画起来! 我一下子明白了,原来他是在找一个起点! 看他倒腾了十下,然后在结束的位置与窗台起始的位置之间用手臂一比画,说,这大约就是 1 米! 我折服了,真心地赞扬他,老师刚才学他都没学好,人家是找好起点了,我却没有! 大家给了米泽同学最热烈的掌声。

　　(七)数学课是人生起飞的加油站

　　10 以内的加减法练习课片段:

　　新一年级入学一个多月了,刚刚学习十以内的加减法,加之入学前家长们的不懈努力,他们本该学得轻松自如,但是因为注意力的分散、眼、手、脑协调能力的差异,还有学习习惯的养成等多方面因素,不少学生也总是错误百出。于是今天的课上,在订正了二十道 10 以内加减法后,我决定给全对的小组画红旗,充分调动好低年级学生的这种附属内驱力还是很重要的。这个提议,是一呼百应。全班十个小组,第一组全对,第二组全对,一直到第八个小组都告诉我全对了。我自知其中有诈,正想等十个组都画完后说点什么,第十组的小楠告诉我她错了一道题。多诚实的孩子啊! 我抓住机会表扬着这个可爱的女孩子,可是第十组的专栏上光秃秃的,其他同学瞥向小楠的目光似乎还带着几分埋怨。怎么办? 我忽然灵机一动,妙语生花:第十组没有得到全对的红旗,但是他们有一个最诚实的同学,所以老师要送他们一朵诚实的大红花! 这朵诚实的大红花就请小楠同学自己亲手画上。画红花的时候,教室里静悄悄的,所有同学的眼睛都齐刷刷盯着画花的手和手画的花,脸上的表情随着笔画的曲线流动由模糊变得晴朗。

  教学是人的教学,人是活泼的、开放的、差异的,师生的一个闪念、一个举动、一个误会都会增加教学中的非预期因素。而如何处理好这些非预期因素则和教师的理念息息相关。教师应该铭记,教育的目的是育人,应该善于抓住课堂上的教育契机,对学生进行情感态度和人生观价值观教育。不需要说教,不需要强化,可能就在画红花的过程中,学生体会到诚实是一种最重要的品质,这种润物无声的人生观教育也是学生成长的元动力。

小学生数学元认知能力调查问卷

　　下面是同学们在学习时的具体表现。请你对比自己平时的做法,按照问卷提供的五个选项:"完全一致""基本一致""不确定""基本不一致""完全不一致",做出选择,在适合的答案下面的"□"内画"√"。

　　注意回答所有问题,别有遗漏。每个问题只选一个答案,答案无对错之分。本问卷只作为科学研究之用,不会影响对你的学习情况的评价,请如实作答,谢谢你的合作!

基本情况

性别:

班级:

最喜欢的一句话:

问卷内容

1. 我制定了数学的学习目标。

完全一致 □　　基本一致 □　　不确定 □　　基本不一致 □　　完全不一致 □

2. 我经常在考试之前复习数学知识。

完全一致 □　　基本一致 □　　不确定 □　　基本不一致 □　　完全不一致 □

3. 我总是按照学习的计划预习数学。

完全一致 □　　基本一致 □　　不确定 □　　基本不一致 □　　完全不一致 □

4. 我能按时完成数学作业。

完全一致 □　　基本一致 □　　不确定 □　　基本不一致 □　　完全不一致 □

5. 我经常因看电视或者和同学玩挤掉数学学习时间。

完全一致 ☐　基本一致 ☐　不确定 ☐　基本不一致 ☐　完全不一致 ☐

6. 数学课上,我能集中注意力,思想不开小差。

完全一致 ☐　基本一致 ☐　不确定 ☐　基本不一致 ☐　完全不一致 ☐

7. 数学课上,我清楚哪些内容是重要的地方,需要认真听讲。

完全一致 ☐　基本一致 ☐　不确定 ☐　基本不一致 ☐　完全不一致 ☐

8. 遇到数学难题时,我常常鼓励自己不放弃。

完全一致 ☐　基本一致 ☐　不确定 ☐　基本不一致 ☐　完全不一致 ☐

9. 数学课上没听懂的地方,我总是在下课想办法弄明白。

完全一致 ☐　基本一致 ☐　不确定 ☐　基本不一致 ☐　完全不一致 ☐

10. 考试后,我会找到错题的原因,认真记录并改正。

完全一致 ☐　基本一致 ☐　不确定 ☐　基本不一致 ☐　完全不一致 ☐

11. 做完题,我经常检查。

完全一致 ☐　基本一致 ☐　不确定 ☐　基本不一致 ☐　完全不一致 ☐

12. 我经常考虑自己的数学学习方法好不好,怎样改善。

完全一致 ☐　基本一致 ☐　不确定 ☐　基本不一致 ☐　完全不一致 ☐

13. 我经常总结解题方法。

完全一致 ☐　基本一致 ☐　不确定 ☐　基本不一致 ☐　完全不一致 ☐

14. 我能根据自己学习的状况,找到数学学习的薄弱点。

完全一致 ☐　基本一致 ☐　不确定 ☐　基本不一致 ☐　完全不一致 ☐

15. 我清楚自己在数学学习中存在的问题。

完全一致 ☐　基本一致 ☐　不确定 ☐　基本不一致 ☐　完全不一致 ☐

16. 我很注意调整自己的数学学习状态。

完全一致 ☐　基本一致 ☐　不确定 ☐　基本不一致 ☐　完全不一致 ☐

参考文献

[1]奥苏伯尔等著.余南星等译.教育心理学:认知观[M].北京:人民教育出版社,1994.

[2]白振华.浅谈提高小学生数学课堂参与度的有效策略[J].教育理论与实践,2016,36(29):56-58.

[3]贲爱玲.在教师教育中应用元认知理论进行反思性教学[J].南京晓庄学院学报,2004(4).

[4]陈复让.小学数学情境教学的策略探究[J].学苑教育,2021(31):45-46.

[5]陈锦花.提高五年级学生数学元认知能力的教学实践[D].上海师范大学,2015.

[6]陈倩.小学生学习习惯的差异与策略研究[D].广西师范大学,2011.

[7]陈伟主编.小学数学探究性学习的实施[M].成都:四川大学出版社,2006.06.

[8]陈英和,韩璆璆.儿童青少年元认知的发展特点及作用的心理机制[J].心理科学,2012,35(03):537-543.

[9]戴芳菁.基于"反省思维"的判断力教育探析[D].福建师范大学,2013.

[10]单芳香.小学生身心发展的特点及教育措施[J].读写算,2021(13):31-32.

[11]董琳.自我控制能力在小学数学教学中的渗透[J].新课程(小学),

2015(12):271.

[12]董奇,周勇,陈红兵.自我监控与智力[M].杭州:浙江人民出版社,1996.11.

[13]董奇,周勇.10—16岁儿童自我监控学习能力的成分、发展及作用的研究[J].心理科学,1995(02):75-79+127.

[14]董奇,周勇.中小学生自我监控学习策略的作用、发展与影响因素[J].教育科学研究,1996(05):12-18.

[15]樊恺,王兴宇等编.中学数学教学导论[M].武汉:华中理工大学出版社,1999.07.

[16]方达评注.荀子[M].北京:商务印书馆,2016.08.

[17]冯克诚,肖坚强主编.最新小学素质教育课堂教学实用方法书系 小学数学课堂教学 实用方法书系 2[M].呼和浩特:内蒙古大学出版社,2000.01.

[18]冯克诚主编.中学数学课堂教学方法实用全书下[M].呼和浩特:内蒙古大学出版社,1999.03.

[19]伏倩倩.小学生数学日记对数学学习自我效能感的影响[D].天水师范学院,2016.

[20]高焕.彰显主体参与 追寻有效课堂——小学生数学课堂参与状态分析及其对策[J].中小学教学研究,2016(02):16-17.

[21]高丽.中小学生自我调节特点及对学校适应的影响[D].东北师范大学,2011.

[22]郭成,张大均.元认知训练对不同认知方式小学生应用题解题能力的影响[J].心理科学,2004(02):274-277.

[23]郭晗.现代儿童认知发展与创造性思维能力培养[D].广西师范大学,2004.

[24]何华编著.认知心理学理论和实践[M].上海:上海交通大学出版社,2017.08.

[25]胡典顺著.国际数学教育比较研究[M].武汉:华中师范大学出版社,2016.08.

[26]胡凌云.基于学生为本的小学数学课堂科学提问的有效策略[J].小学生(中旬刊),2021(11):113.

[27]黄远雄.小学生身心发展特点与教育对策[J].新课程(上),2019

（02）:237.

[28]姜英杰.元认知研究的历史源流与发展趋势[J].东北师大学报（哲学社会科学版）,2007(02):156-161.

[29]蒋松.小学数学教学中学生主体性的培养实践[C]//课程教学与管理研究论文集（四）,2021:313-317.DOI:10.26914/c.cnkihy.2021.036058.

[30]焦肖燕,伏志瑛主编.学习策略方法教学问题诊断与导引小学数学[M].长春:东北师范大学出版社,2013.05.

[31]京师联教育科学研究所编.小学低年级数学 创新教学设计[M].北京:学苑音像出版社,2002.06.

[32]李丹主编.儿童发展心理学[M].上海:华东师范大学出版社,1987.06.

[33]李红梅.浅谈如何在小学数学教学中培养学生数学学习的兴趣[J].现代阅读（教育版）,2013(04):207.

[34]李宏.数学游戏在小学数学教育教学中的应用[J].新课程,2021(43):130.

[35]李娟.故事演绎数理知识的小学数学课堂探索[J].好家长,2018(31):1.

[36]李明明.小学数学元认知监控的课堂训练策略[J].小学生（中旬刊）,2021(08):68.

[37]李晓梅.促进学生理解的小学数学教学研究[J].基础教育课程,2021(22):27-33.

[38]李晔.小学数学教育中独立思考能力的养成方法探讨[J].小学生（下旬刊）,2021(12):16.

[39]李瑛.小学六年级数学日记的设计及实践指导研究[D].湖南师范大学,2014.

[40]李玉龙.数学元认知及其能力培养初探[J].现代教育科学,2008(02):100-101.庞进生,徐肖丽.元认知与数学元认知能力综述[J].商丘职业技术学院学报,2005(5).

[41]李志勇,陈梦璋.元认知能力培训与小学数学教学（上）[J].辽宁教育,1999(05):42-44.

[42]梁宁建著.当代认知心理学[M].上海:上海教育出版社,2014.03.

[43]林道荣,郭跃华,缪雪晴,庄海宜.非智力因素、元认知与数学教学质量提高[J].江苏理工大学学报(社会科学版),2000(01):75-77.

[44]刘电芝,黄希庭.小学生数学学习策略的运用与发展特点[J].心理科学,2005(02):272-276.

[45]刘明.学会反思化退为进——数学纠错反思能力的培养策略研究[J].安徽教育科研,2021(25):118-119.

[46]刘明祥.浅论元认知在数学教学中的作用与培养[J].数学教学研究,2001(05):2-4.

[47]刘双.小学数学教学中学生自主性学习活动的组织[J].青少年日记(教育教学研究),2019(02):145.

[48]刘星辰.昆明市"还课堂给学生"小学数学自主学习调查研究[D].云南师范大学,2014.

[49]卢乐山等主编;陈会昌卷主编.中国学前教育百科全书 心理发展卷[M].沈阳:沈阳出版社,1995.06.

[50]罗雪莲.小学数学课堂中构建师生学习共同体的有效方法[J].学周刊,2021(33):187-188.

[51]麻家云.自我效能感理论在小学数学教学中的应用[J].数学大世界(上旬),2020(01):31+30.

[52]马玲.小学生数感培养的策略研究[D].海南师范大学,2014.

[53]欧慧谋,唐剑岚.国内数学元认知的研究与思考[J].课程·教材·教法,2012,32(05):58-61.

[54]庞维国著.数学学习与教学设计 小学卷[M].上海:上海教育出版社,2005.06.

[55]皮连生主编.教学设计 心理学的理论与技术[M].北京:高等教育出版社,2000.

[56]钱振玉.小学中高年级培养学生数学元认知能力的研究[D].苏州大学,2011.

[57]邵晓文.小学高年级学生数学自主学习能力培养的实践研究[D].辽宁师范大学,2014.

[58]申继亮等编著.当代儿童青少年心理学的进展[M].杭州:浙江教育出版社,1993.11.

[59]时春.小学数学教学中如何培养学生的独立思考能力[J].新课程,2021(44):207.

[60]斯苗儿.对小学数学课堂教学评价的几点思考[J].小学数学教育,2000,(04).

[61]苏建伟.数学元认知与数学思维品质相关性研究及教学建议[D].山东师范大学,2006.

[62]孙勇著.高职数学核心能力探究[M].合肥:中国科学技术大学出版社,2011.04.

[63]谭少春.小学数学差异化教学的路径探索[J].小学数学教育,2020(06):9-10.

[64]田爱奎.支持自主学习的数字化教学游戏研究[D].华东师范大学,2007.

[65]王光明,王合义,张国宏.数学元认知研究现状综述[J].中学数学教学参考,1999(10):31-32.

[66]王海英著.智慧的跷跷板 幼儿元认知研究[M].南京:江苏教育出版社,2005.12.

[67]王娟著.新课改下小学数学教学新视角[M].长春:吉林人民出版社,2019.09.

[68]庞云凤总主编;王娜,孙霜编著.小学生认知与学习[M].济南:山东人民出版社,2015.08.

[69]王文路.生活化教学模式在小学数学教学中的应用[J].学周刊,2015(24):144-145.

[70]王永锋.从"建构性学习"到"学生有效参与"[D].东北师范大学,2009.

[71]王雨晴,陈英和.幼儿心理理论和元认知的关系研究[J].心理科学,2008(02):319-323+314.

[72]王玉婷.聚焦分层教学,关注学生差异[J].新课程,2021(46):206.

[73]吴红军.互动式教学模式在小学数学课堂中的实践[J].小学生(中旬刊),2021(11):120.

[74]夏雪梅,杨向东.核心素养中的"学会学习"意味着什么[J].课程·教材·教法,2017,37(04):106-112.

[75]徐兰.浅析小学数学新课程教学水平的提高[J].新西部(下半月),2007(03):244.

[76]徐美珠.小学生数学解决问题中自我监控能力的调查与研究[J].教育测量与评价(理论版),2014(10):31 – 37.

[77]徐速著.小学数学学习心理研究[M].杭州:浙江大学出版社,2006.06.

[78]徐燕刚.小学数学教学中渗透学生学习自我监控能力培养的实验研究[C].第十届全国心理学学术大会论文摘要集,2005:512 – 513.

[79]杨静.自我监控策略对小学数学学习障碍学生解题的个案研究[D].重庆师范大学,2011.

[80]杨巧婧.小学数学教学生活化的实践研究[D].四川师范大学,2011.

[81]杨秀萍.小学数学课堂中的情景教学[J].新课程,2021(46):207.

[82]杨永胜.数理群思 融智探新[M].北京:中国发展出版社,2018.08.

[83]郁军,张佩玲著.小学数学教育系列教材 小学数学核心概念教学研究 第2版[M].北京:教育科学出版社,2017.07.

[84]袁本钊主编;崔艳娜,吴健,解隽娜副主编."教师主导 四轮驱动"教学模式的探索与实践[M].青岛:中国海洋大学出版社,2015.10.

[85]张大均. 教学心理学研究[M].重庆:西南大学出版社,1998.

[86]张庆林,邱江.思维和学习领域中的元认知研究[J].西南师范大学学报(人文社会科学版),2005(01):20 – 26.

[87]张雅明著.元认知发展与教学 学习中的自我监控与调节[M].合肥:安徽教育出版社,2012.05.

[88]张亚杰.儿童元认知的发展与培养 聚焦数学[M].北京:科学出版社,2019.09.

[89]章建跃,林崇德.中学生数学学科自我监控能力的发展[J].中国教育学刊,2000(04):46 – 49.

[90]章建跃著.中学生数学学科自我监控能力[M].上海:华东师范大学出版社,2003.05.

[91]郑佳.小学数学教师课堂提问有效性研究[D].杭州师范大学,2015.

[92]郑雪,陈少华,张兴贵主编.小学生心理健康教育[M].广州:暨南大学出版社,2006.01.

[93]中国教育学会中学数学教学专业委员会编.面向21世纪的数学教育

[M].杭州:浙江教育出版社,1997.05.

[94]中国学生发展核心素养——三个方面六大素养[A].甘肃省兰州第一中学.中学教育科研 2018 年第 1 期(总第 224 期)[C].甘肃省兰州第一中学,2018:1.

[95]中华人民共和国教育部制订.全日制义务教育 数学课程标准 实验稿[M].北京:北京师范大学出版社,2003.06.

[96]中华人民共和国教育部制定.义务教育数学课程标准 2011 年版[M].北京:北京师范大学出版社,2012.01.

[97]中央教育科学研究所第二次国际教育成就评价课题组.国际初中学生数学和科学教育的现状和分析——第二次国际教育成就评价课题测试结果简介[J].课程.教材.教法,1993(12):51 - 54.

[98]周建.小学高年级数学课堂激发学生思维监控能力的途径[J].数学大世界(上旬),2019(10):84.

[99]周淑红.小学数学核心素养培养研究[D].哈尔滨师范大学,2017.

[100]周琰,王学臣.小学生数学观、数学学习策略与学业成绩的关系研究[J].内蒙古师范大学学报(教育科学版),2007(06):109 - 112.

[101]周潇澜.浅谈小学高段学生数学自我监控能力培养策略[J].新课程(小学),2017(06):242 - 243.

[102]周勇,董奇.学习动机、归因、自我效能感与学生自我监控学习行为的关系研究[J].心理发展与教育,1994(3):5.

[103]朱德全.数学问题解决的表征及元认知开发[J].教育研究,1997(03):50 - 54.

[104]朱慧.小学数学课堂中建立情思共融的策略[J].小学生(中旬刊),2021(11):124.

[105]朱智贤编.儿童心理学上[M].北京:人民教育出版社,1962.

[106]卓林燕.关注数学元认知,把握教学中的初小衔接[J].数学学习与研究,2021(25):108 - 109.

[107]左梦兰主编.儿童认知发展研究[M].昆明:云南教育出版社,2004.05.

后　记
数学是一场心灵奇旅

　　有一位数学大师曾经说过,数学使我们的生活变得简单化,它是一门美的学问。数学本身所蕴含的思想性、审美性、工具性,都可以通过课堂这个载体来彰显。多年的探索与实践告诉我,数学是一场心灵奇旅。一节数学课不只是知识的简单打包和传递,只要教师引导有度,就会为学生提供丰富有益的精神食粮,让学生的人生从这里起飞,而数学元认知能力,就是帮助学生起航的助推器。

　　我对于数学"元认知"这个概念的认识,是从 2001 年参加学校的"小学生自主学习意识和能力培养研究"实验开始的。时任天津市教育科学研究院心理研究所的刘金明所长经常来学校指导课题实验。在理解课题实验精髓的基础上,我读了一些关于数学元认知的文章,结合自己的做法写了一篇文章,得到了刘所长的高度认可,这对我而言,是极大的鼓舞。从那以后,我从未间断对元认知的关注、学习和研究。2009 年完成了未来教育家奠基工程的结业论文《小学高年级学生数学元认知能力的培养研究》和"小学高年级学生数学元认知能力培养研究"的课题研究,得到天津市教育科学研究院领导的肯定。2017 年,作为负责人申报了天津市教育学会"十三五"重点课题"小学生数学元认知能力培养研究",于 2019 年顺利结题。2021 年,获准立项天津市"十四五"教育规划课题"6-9 岁小学生图形几何知识学习中数学元认知能力培养研究"。以课题研究的方式滚动探索数学元认知能力训练,深化了我的认知,形成了一系列的实践资料与成果,成为本书的原生态资源。

囿于学识和理论基础,成书的过程非常艰难。感谢王慧霞博士的热忱帮助,抽丝剥茧地帮助我理解元认知的理论知识,让我如醍醐灌顶,终能明晰表达思路成就本书。感谢一路走来帮助过我的师长们。刘金明院长的鼓励和肯定,为我打开了一扇求知探索的大门,引发了我对元认知的关注。陈雨婷博士、赵丽霞博士的启发和指引,让我顺利完成了未来教育家奠基工程的结业论文,成为写作此书的重要基础。张筱玮教授欣然为拙作作序,因为有了她的启迪和引领,我才能在数学教学的世界里执著前行、乐此不疲。学校领导和同事们的扶持,成就了鲜活生动的实践。

执教小学数学三十年的经历,探索小学生元认知能力训练二十载的实践,兴趣稀释了艰苦的滋味,坚持下来,对"数学是一场心灵奇旅"有了更贴切的感受。人生因数学而更精致,数学因元认知而更精妙。享受数学、享受学习的快乐,真好。

刘丽双

2022 年 5 月